Der Krieg von 1870/71

Die Belagerung und das Bombardement von Straßburg

von

Gustav Frischbach
früherer Redakteur des „Niederrheinischen Kuriers“

M
© Melchior Verlag
Wolfenbüttel
2009
ISBN: 978-3-941555-09-9
www.melchior-verlag.de

Die Straßburger Nationalgarde exerziert in der Zollstraße

An den Leser

Dieses Büchlein enthält nicht eine militärische Darstellung der Belagerung und des Bombardements von Straßburg; die von der deutschen Armee rings um die Festung ausgeführten Arbeiten sind in diesem Bändchen nicht beschrieben; die Operationen und Manöver der belagerten und der belagernden Truppen sind darin kaum berührt, und die Fachmänner werden bei Durchlesung dieser Blätter nicht finden, was sie suchen.

Der Verfasser war während der Dauer der Belagerung beauftragt, jeden Tag im „Niederrheinischen Kurier“ die Begebenheiten der verflossenen vierundzwanzig Stunden zu berichten; nicht die Fortschritte der Angriffsarbeiten oder die Anwendung der Verteidigungsmittel beschrieb er, sondern die Unglücksfälle und Drangsale, welche die Stadt Straßburg und ihre Bewohner trafen; jeden Tag zählte er die Opfer und die Ruinen vom vorhergegangenen Tage auf und diese Schilderungen sind hier wiedergegeben, nebst allen amtlichen Aktenstücken, Bekanntmachungen und Proklamationen, mit Notizen, die er vom Anfang bis zum Ende dieser langen, bedrängnisvollen Periode sorgfältig aufgenommen hat.

Der Verfasser bekennt, dass er derjenigen, welche die hervorragendste Rolle in dieser denkwürdigen Episode des Krieges von 1870 gespielt haben, der Oberoffiziere, der Platzkommandantschaft, des Generals, die das Schicksal der Stadt in Händen hatten und die Verteidigung leiteten, ausführlicher und mit mehr Anerkennung hätte gedenken sollen. Über so manche aufopfernde und heldenmütige Handlungen schweigt er zu seinem Bedauern, und vergisst Namen, welche gewiss Lob verdienen. Der Verfasser hat vorzugsweise beschrieben, was Straßburg und seine Bewohner getan, was sie gelitten, wie sie gekämpft haben. Wird man ihm diese Parteilichkeit, diese gewissermaßen selbstsüchtigen Gefühle für seine geliebte Vaterstadt verübeln?

Das vorliegende Büchlein wurde in kaum vierzehn Tagen in beiden Sprachen geschrieben und gedruckt. Möge daher der geneigte Leser die Unvollkommenheiten dieser raschen Arbeit nachsichtig beurteilen!

Gustav Frischbach

Zur Situation der Einschließung und Beschießung von Straßburg im Jahre 1870

An dieser Stelle soll kurz die Belagerung Straßburgs aus Sicht der deutschen Angreifer dargestellt werden. So erhält der Leser einen Eindruck davon, was außerhalb der Stadtmauern unternommen wurde, um diese wichtige Festung einzunehmen. Natürlich hatte der deutsche Generalstab schon vor Beginn des deutsch-französischen Krieges eine schnelle Eroberung der Stadt als wichtig eingestuft und in seine Planungen mit aufgenommen.

Und nach dem Sieg von Wörth, galt die Bezwingung von Straßburg als eine militärische Notwendigkeit. Außerdem spielte die Besitznahme gerade dieser alten deutschen Stadt eine besondere politische Rolle. Sie musste noch vor Friedensschluss in deutschen Händen sein, wenn das Elsass wieder unter deutsche Herrschaft kommen sollte.

Straßburg galt vor dem Krieg als eine Festung ersten Ranges und als der Ausgangs- sowie Stützpunkt für jeden französischen Angriff gegen den Süden Deutschlands. Sie hatte eine ziemlich verwinkelte Umwallung mit nassen Gräben, jedoch keine weit vorgeschobenen Werke, die gegen ein Bombardement hätten schützen können. Das Gelände vor den einzelnen Fronten war im Norden und Westen für einen Angriff besser geeignet, da sich im Süden durch künstliche Anstauung eine große Wasserfläche schaffen ließ. Auch behinderten Vorstädte die Einsicht von den Wällen und begünstigten das Festsetzen eines Angreifers in großer Nähe; so im Norden Robertsau und Schiltigheim, im Westen Kronenburg und Königshofen. Zudem hatten die Franzosen den Ausbau der Grenzfestung vernachlässigt; ihnen schien der Gedanke eines feindlichen Angriffes völlig fern zu liegen. Süddeutschland gegenüber galt eine solche Gefahr einfach als ausgeschlossen.

General von Werder

General Uhrich

So war Straßburg für eine feindliche Belagerung überhaupt nicht gerüstet. Erst die flüchtenden Soldaten der Armee Mac Mahons ergänzten die zu einer Verteidigung notwendige Zahl der Kämpfer. Bei der auf diese Art bunt zusammengewürfelten Besatzung wundert es nicht, dass die anfänglich noch schwachen deutschen Belagerungstruppen sofort bis dicht an die Festungswerke herangehen, und alle für den Angriff wichtigen Punkte des Vorgeländes fast ohne Kampf in Besitz nehmen konnten.

Schon fünf Tage nach Wörth, am 11. August 1870, erschien die badische Felddivision vor der Festung und hatte schnell alle Außenverbindungen abgesperrt. Nur zwei Tage später erfolgte der Befehl des preußischen Königs zur Aufstellung eines Belagerungskorps unter General von Werder. Die Franzosen begnügten sich bis dahin mit Aufräumarbeiten und mit Besorgungen im Vorgelände. Am 16. August wagten die Franzosen einen ersten Ausfallversuch im Süden.

Auf dem rechten Rheinufer hatten die Deutschen bei Kehl bereits in der Nacht zum 19. August drei schwere Geschütze aus Rastatt armiert. Aus Missverständnis eröffneten diese am frühen Morgen das Feuer gegen die Zitadelle, die daraufhin die offene Stadt Kehl einäscherte. Um zu einem schnellen Erfolg zu kommen, entschieden die deutschen Heerführer sich für eine Beschießung Straßburgs.

Während die schweren Batterien bei Kehl und die Feldbatterien auf dem linken Rheinufer die Festung beschäftigten, schoben sich Vorposten am Abend des 23. August näher gegen die Werke heran und begann den Bau von 13 Bombardementsbatterien. Am nächsten Abend wurde die Beschießung Straßburgs schließlich mit 78 Belagerungs- und 54 Feldgeschützen eröffnet. Weil sich General Uhrich nicht ergeben wollte, wurden die nächtlichen Bombardements bis zum 28. August aus wechselnden Stellungen fortgesetzt. Um noch näher an die Festung heranzukommen begann man nun mit der Aushebung von Parallelen.

So wurde am 9. September mit Annäherungsgräben aus der mittlerweile zweiten Parallele weiter vorgerückt, und in der Nacht zum 12. mit der Aushebung der Dritten Parallele begonnen. Seit dem 14. hatte auch das Brescheschießen gegen die Lünette 53 begonnen. Inzwischen hatten die Deutschen auf der ganzen Angriffsfront die Feuerüberlegenheit erzielt, so dass der Aufenthalt auf den Wällen für die Franzosen unmöglich wurde. Am 26. September waren die Breschen vollendet, der Eingang in die Stadt konnte nun jetzt erzwungen werden. Plötzlich- am Nachmittag des 27. September um 5 Uhr – wehte eine weiße Fahne auf dem Turm des Münsters: Straßburg hatte sich ergeben.

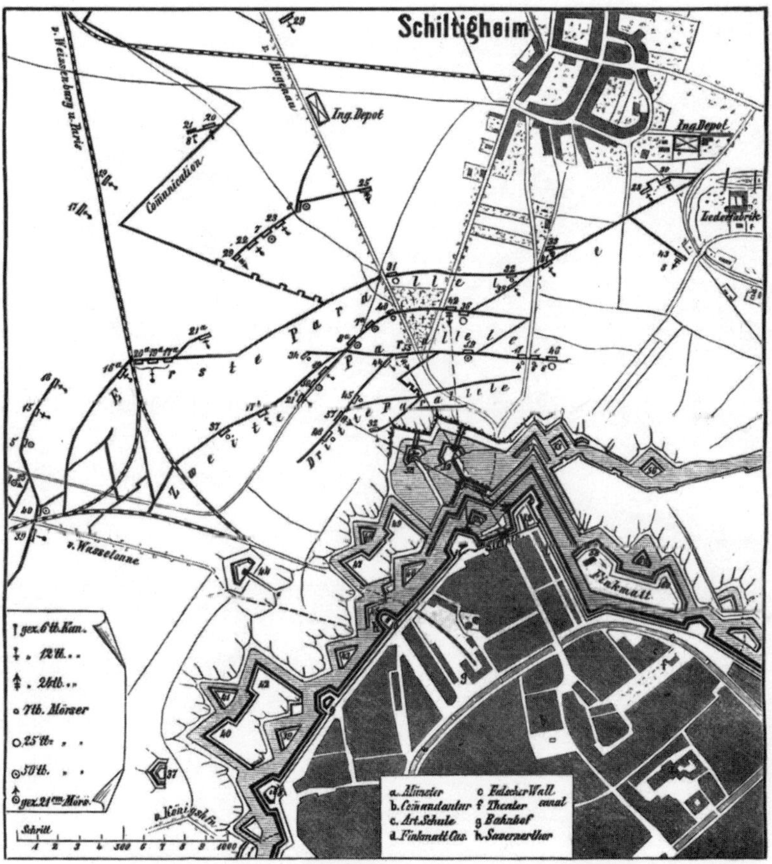

Angriffsplan gegen die Steintorfront in Straßburg

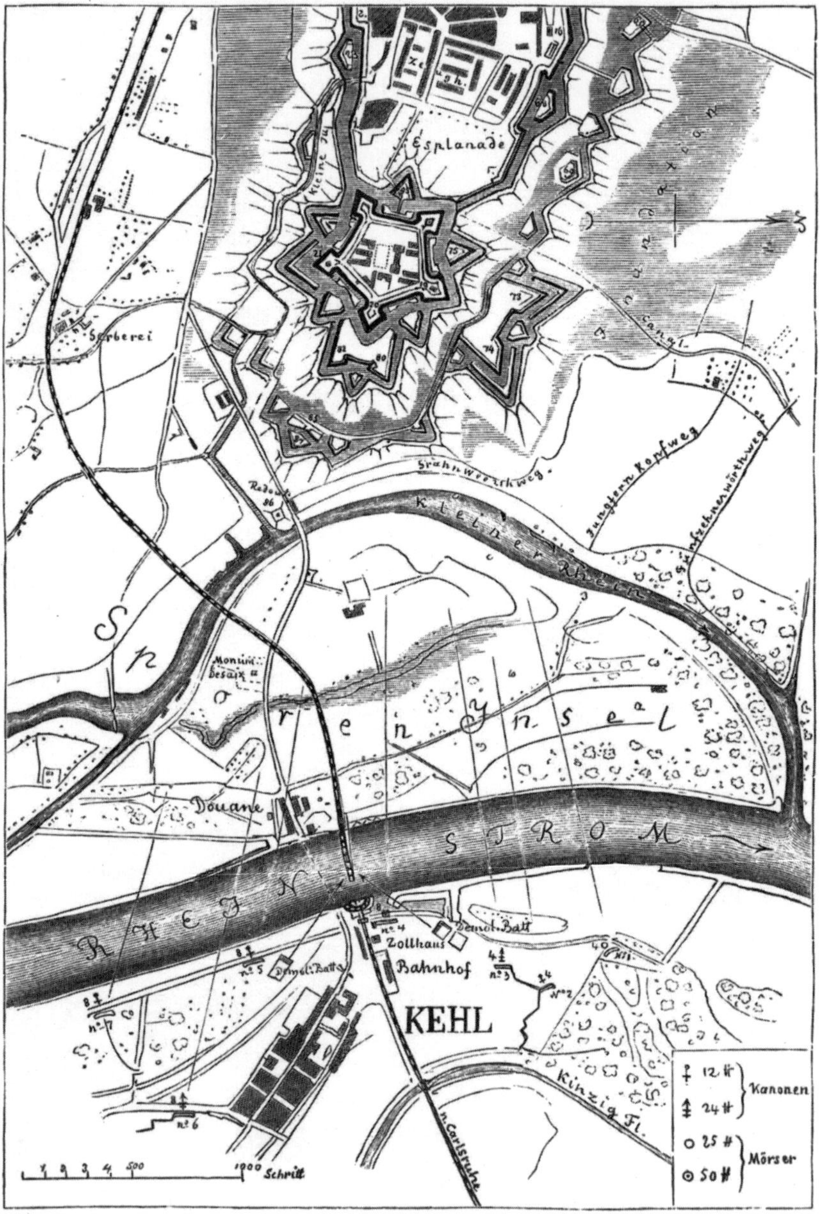

Angriffsplan gegen die Zitadelle von Straßburg

Die Belagerung und das Bombardement von Straßburg
im Jahre 1870

Reprint der Originalausgabe von 1871

6. August 1870

Die Schlacht von Fröschweiler war geschlagen und die Armee von Mac Mahon nach heißem, blutigen Kampf zum Rückzug gezwungen. Der rechte Flügel der französischen Armee wurde abgeschnitten und als irgendein Feigling schrie: „Sauve qui peut!“ begann der Rückzug in tolle, wilde Flucht auszuarten.

Der Boden erzitterte unter dem Hufschlag Tausender von Reitern, die gegen Hagenau zueilten. Lanciers, Cuirassiers, Artilleristen, Turcos, Zuaven, Chasseurs - alles durcheinander! Wer ein Pferd erwischen konnte, schwang sich auf dessen Rücken und stürmte den Anderen nach, durch fortwährendes Brüllen und Schreien: „Les Prussiens! Les Prussiens!“ Die Bevölkerung der Orte, die sie passierten, in Angst und Schrecken versetzend.

Die flüchtige Schar eilte wie besessen durch Hagenau zum Straßburger Tor hinaus. Die einen flohen querfeldein, andere fielen erschöpft am Rande der Straße nieder, oder stürzten mit den Pferden und wurden überritten, wieder andere rannten und ritten fort bis Straßburg, wo sich die Nachricht blitzschnell verbreitete: „Die Armee Mac Mahon's ist geschlagen!“

Welch' unbeschreibliche Gemütserschütterung verursachte diese Hiobspost in der Stadt! Welch' fieberhafte Aufregung herrschte in den dicht belebten Straßen! Dazu kommen noch die Transporte der Verwundeten aus der zwei Tage vorher stattgehabten unglücklichen Schlacht bei Weißenburg und der Anblick dieser verstümmelten, mit Blut und Schmutz bedeckten Soldaten, die man in langen, langen Zügen auf unbedeckten Bahren trug - alles dies erfüllte die Stadt Straßburg mit Angst und Entsetzen. Plötzlich wird Generalmarsch geschlagen. Die Angst steigert sich auf's Höchste. Die Kaufläden und Häuser werden geschlossen, die Soldaten laufen zu den Kasernen, Ordonanzen zu Fuß und zu Pferd eilen durch die Straßen der geängstigten Stadt, Befehle nach allen Forts und Posten tragend; die

Zugbrücken werden aufgezogen und um sieben Uhr Abends ist die Stadt völlig abgesperrt. Hunderte von Einwohnern, die von diesem Vorgang nichts wussten, standen vor den Toren und wurden erst nach langem Bitten und Schreien wieder eingelassen. Glaubt man doch allgemein, der Feind stehe bereits vor den Toren Straßburgs.

7. August

Wider alle Erwartung blieb die Nacht über außerhalb der Wälle alles ruhig, dagegen herrschte innerhalb derselben eine peinliche Aufregung, eine Entmutigung, als hätte man eine Ahnung der kommenden Leiden. Am Morgen die Fortsetzung des betrübenden Schauspiels: Ein großer Teil vom rechten Flügel des französischen Heeres flüchtete sich nach Straßburg; zuerst kamen die Soldaten einzeln, teils Versprengte, teils solche, die ihre letzten Kräfte aufrafften, um die sichere Zufluchtsstätte zu erreichen; hierauf in Rotten von je zehn, zwanzig oder dreißig Mann, viele von ihnen verwundet, teils stützten sie sich auf einen Stock, oder eine zerbrochene Flinte, teils lagen sie in den Wagen des Fuhrwesens. Die Kavalleristen, besonders die Cuirassiere, hatten ihre Waffen und Helme verloren, waren mit Schlamm bedeckt, müde und erschöpft; die Turcos, düster und schweigend, schleppten sich mühsam fort und die wenigen Offiziere schritten, sich auf den Arm eines Soldaten stützend, tief erschüttert einher. Eine zahlreiche Menschenmenge bildete in den Straßen den Besiegten, tief Gebeugten ein schweigsames Spalier, und Blicke tiefen Mitleids folgten ihnen, als sie den Tag über jämmerlich durch die Stadt schlichen. Als die Nacht hereinbrach, hatte dieser Trauerzug noch immer kein Ende und dauerte noch am folgenden Tage fort.

Hier eine Episode, von so vielen anderen, dieser beiden denkwürdigen Tage: Etwa vierzig Turcos, die Uniformen zerfetzt, schmutzig und mit Blut bedeckt, kommen auf den Kleberplatz. Einer von ihnen trägt die Fahne ihres Regiments und ein begeisterter Ruf erschallt aus aller Mund. Vive la France! Schreien Tausende, und der Jubel verdoppelt sich, als der Platzkommandant, Obrist Ducasse, die Fahne ergreift und sie vom Balkon der Hauptwache herab dem versammelten Volk zeigt.

Als die Schlacht von Fröschweiler am hitzigsten war und die Turcos und Linie wie gemäht von den Kartätschen und Spitzkugeln getroffen fielen, bemerkte der Obrist des 2ten Scharfschützen-Turcos-Regiments noch einige Männer aufrecht stehen, worunter der Unterlieutenant

Versprengte und Verwundete aus der Schlacht von Fröschweiler erreichen Straßburg

Ballès, Fähnrich, der Unterlieutenant Pantoux und der Sergeant Abd-el-Kader-Ben-Dakich waren. „Euer Platz ist nicht mehr hier“, rief er ihnen zu; „zieht euch zurück, rettet unsere Fahne!“ Ballès, Pantoux und Abd-el-Kader zogen sich zurück, indem der Sergeant die Fahne trug. Da stürzen die feindlichen Reiter heran und trennen sie. Die drei werfen sich zu Boden und über sie weg jagen die flüchtigen Rosse den unsrigen nach. Kaum sind die Schwadronen und Regimenter vorbei, raffen sich Ballès und Pantoux auf und suchen den verschwundenen Sohn der Wüste. Nach fast unglaublichen Abenteuern und Gefahren vereinigten sich die drei Tapferen wieder - Abd-el-Kader hatte den Adler des Regiments gerettet. Ballès und Pantoux weinten gerührt aus Freude über den wiedergefundenen Kameraden und die gerettete Fahne. Und diese Fahne war es, welche der Platzkommandant der tief erschütterten Mengenmenge zeigte.

Die Wahlen für den Gemeinderat, welche am 6. August begonnen hatten, wurden nicht fortgesetzt, da sich nur wenige Wähler eingefunden hatten, so dass am 7ten die Büros nicht einmal geöffnet wurden. Da die Stadttore geschlossen waren, hätten die Wähler doch nicht ihre Stimmzettel abgeben können und zudem waren die Gemüter zu aufgeregt und die Gedanken auf andere Angelegenheiten gerichtet, als dass ein Wahlakt hätte vorgenommen werden können. Schon hielt der Feind Hagenau besetzt, das heißt, er war fünf Stunden von der Stadt; hierauf zog er in Brumath ein, kaum drei Stunden von den Wällen.

Alles dies kündigte die drohende Gefahr an. Am 7ten war folgende Bekanntmachung angeschlagen:

Präfektur des Niederrheins.

„Der Präfekt des Niederrheins benachrichtigt die Bewohner Straßburgs, dass die Stadt in Belagerungszustand versetzt ist.“

Straßburg, den 6. August 1870
Baron Pron

Das Departement war schon seit einigen Wochen in Belagerungszustand, ebenso wie die Departemente des Oberrheins und der Mosel. Die Anzeige des Präfekten schuf also eigentlich keine neue Lage für die Stadt und setzte nur einige besondere Bestimmungen für die dem Belagerungszustand unterworfenen festen Plätze in Kraft.

Vom 7ten ab wurde der Postverkehr nach außen unregelmäßig. Der Pariser Kurier vom 6ten kam erst am 7ten, um 9 Uhr abends, in Straßburg an, statt morgens. Der Postzug hatte in Zabern halten müssen und die durch denselben überbrachten Briefe und Zeitungen mussten auf der Landstraße bis Straßburg befördert werden. Auch die telegraphischen Verbindungen wurden unterbrochen, und von da an begann jener lange Zeitraum der Absperrung und Ungewissheit, worin die Stadt mehrere Wochen lang schmachtete, während welcher man die sehr natürliche und ängstliche Neugierde der Bevölkerung nur mit Gerüchten und Lügen abspeiste.

8. August

Die deutsche Armee rückte immer näher heran und zahlreiche Bewohner der benachbarten Dörfer flüchteten in die Stadt, ihr Bettzeug, einige Hausgeräte und Kleider mit sich führend, zitternd vor Furcht und allerlei Nachrichten erzählend, welche, von Mund zu Mund gehend, wie ein Schneeball im Laufe sich mehr und mehr vergrößerten und Schrecken verbreiteten.

Montag, den 8ten, wurde die Stadt in noch größere Angst versetzt. Ein deutscher Offizier, mit der weißen Parlamentärfahne, war vor einem der Tore der Stadt erschienen und hatte den Kommandanten zur Übergabe aufgefordert, widrigenfalls die Stadt beschossen würde. Der Kommandant gab eine entschieden abschlägige Antwort und man war gewärtig, in dieser Nacht die Kanonen donnern zu hören; aber die Drohung des deutschen Offiziers ging noch nicht in Erfüllung.

9. August

Im Gegenteil, Tags drauf, entstand wieder Vertrauen in den Gemütern, denn man meldete, dass die feindlichen Truppenabteilungen, welche in den umliegenden Gemeinden erschienen waren, sich wieder gegen Hagenau zurückgezogen hätten. Sie hatten sich in der Tat zurückgezogen, denn ihr Zweck war erreicht: Die Umgebungen der Festung, den Zustand der Verteidigungsarbeiten, die Verbindungswege rings herum hatten sie ausgekundschaftet. Aber sie sollten zurückkommen!

Die sträfliche Unvorsichtigkeit von Seiten Frankreichs, welche im Allgemeinen bei den Vorbereitungen dieses Krieges obwaltete, hatte in Straßburg wie anderwärts geherrscht, und die Festung war nicht in gehörigem Verteidigungsstand, als der Feind schon vor den Toren war.

Erstens hatte die Stadt keine regelmäßige Besatzung. Zwei Artillerieregimenter, fast das ganze Pontonniersregiment, zwei Regimenter Linieninfanterie, zwei Jägerbataillone und Abteilungen vom Fuhrwesen hielten in Friedenszeit die Kasernen besetzt. Alle diese Truppen waren mit dem Marschall Mac Mahon abgezogen.

Bei Beginn der Einschließung bestanden die Besatzungstruppen aus einigen Artilleristen, einigen Hundert Pontonniers, den Depots der Linienregimenter und der Jägerbataillone, welche in Straßburg garnisoniert hatten, und dem 87sten Linienregiment, das sich zufällig in der Stadt befand, denn dieses Regiment war nur auf dem Durchmarsch und sollte sich im Augenblick der Einschließung zu einem Armeecorps begeben. Außerdem eine Abteilung Grenzwächter und etwa sechzig Mariner, welche gekommen waren, um die zu Operationen auf dem Rhein bestimmten Kanonenboote aufzurichten. Einige tausend Leute aller Waffengattungen, welche nach der Niederlage bei Fröschweiler sich nach Straßburg geflüchtet waren, hatten sich der kleinen Garnison der Stadt beigestellt; die Mobilgarde endlich vervollständigte die geringe Anzahl der Verteidigungsmannschaft.

An vielen Stellen waren die Palisaden noch nicht eingesetzt, kein einziger Baum an den Straßen gefällt, das Wasser in den Festungsgräben nicht gestaut; an den Wallgeschützen standen keine Artilleristen; es schien, dass man einen Angriff auf Straßburg als unmöglich ansehe und dass diejenigen, welche von der Wahrscheinlichkeit einer Belagerung, einer Blockade, einer Beschießung sprachen, Schwarzseher seien, welche, durch Angst verwirrt, sich keinen klaren Begriff von der Lage machen können. Von einer Angriffsbewegung gegen Straßburg, sagte man, könne keine Rede sein. Das Ziel Deutschlands sei die französische Hauptstadt und die Deutschen können die zum Angriff gegen Straßburg notwendigen Truppen nicht von ihrem Heere trennen. Wenn Paris in die Gewalt der deutschen Armee geriete, würde Straßburg von selbst in ihre Hände fallen und es wäre daher unnötig, hier Zeit und Soldaten zu verlieren.

Jeder machte sich sozusagen eine Politik, wie sie eben in seinen eigenen Kram passte, eine Politik, deren Unmöglichkeit man wohl ahnte, aber mit welcher man sich zu betören suchte. Der Mensch ist einmal so: Er erachtet oft für unmöglich, was ihm unheilvoll oder auch nur unangenehm sein könnte, er schmiedet in seinem Gehirn eine Zukunft, so wie er sie gern wünscht, und er wiegt sich wohlgefällig in diesem blendenden Luftschloss, bis es zusammenstürzt wie ein wankendes Kartenhaus.

Eine Bekanntmachung des Generals Uhrich, Oberbefehlshabers des Platzes, ließ vermuten, dass die Feindseligkeiten gegen die Stadt wahrscheinlich beginnen würden und dass bedenkliche Ereignisse bevor stünden.

Diese Bekanntmachung, welche am Morgen des 10. August angeschlagen wurde, lautete:

An die Bewohner Straßburgs!

„Beunruhigende, Schrecken erregende Gerüchte wurden dieser Tage absichtlich oder unabsichtlich in unserer wackeren Stadt verbreitet. Einige Individuen haben den Gedanken kund zu geben gewagt, dass der Platz sich ohne Schwertstreich ergeben solle.

Wir protestieren nachdrücklich, im Namen der mutvollen französischen Bevölkerung, gegen diese feige und verbrecherische Zaghaftigkeit.

Die Wälle sind mit 400 Kanonen bewaffnet. Die Besatzung besteht aus 11.000 Mann, die Nationalgarde nicht mitgerechnet.

Sollte Straßburg angegriffen werden, wird es sich verteidigen, solange ein Soldat, ein Zwieback, eine Patrone übrig bleibt. Die Guten können sich beruhigen; was die anderen betrifft, so mögen sie sich entfernen."

Straßburg, den 10. August 1870

Der Divisionsgeneral, Oberbefehlshaber,
Uhrich

Der Präfekt des Niederrheins,
Baron Pron

Diese kräftige Erklärung des Generals Uhrich wies auf den Schrecken hin, der die Bevölkerung in Folge der Ankunft des Parlamentärs, welcher der Stadt mit Beschießung drohte, wenn sie sich nicht ergäbe, erfasst hatte. Man fragte sich in der Tat, ob Straßburg mit den paar tausend Mann, welche seine Besatzung bildeten, sich verteidigen könnte und ob es nicht Torheit wäre, Widerstand leisten zu wollen. Europa und die ganze Welt wissen, wie die alte Elsässer Stadt sich verteidigt hat.

13. August

Die deutschen Truppen waren am 13. August von fast allen Punkten der Stadt signalisiert. Feindliche Truppenabteilungen hatten Schiltigheim, Bischheim, Oberhausbergen, Mittelhausbergen, Niederhausbergen, Eckbolsheim, Königshofen durchzogen oder schon besetzt und der Verkehr zwischen diesen Gemeinden und der Stadt wurde mehr und mehr schwierig.

Nicht mehr bloße Patrouillen waren es, welche die Umgegend durchstreiften, sondern ganze Regimenter lagerten rings um die Stadt. Eine badische Division, unter dem Kommando des Generallieutenants von Beyer, begann die Einschließung und operierte allein vom 11ten bis zum 17ten. In Königshofen wurde die Eisenbahn zerstört, die Telegraphendrähte zerschnitten und die einzigen Depeschen, die aus dem Oberrhein, welche noch bis in die Stadt hatten kommen können, waren somit auch gehemmt.

Am 13. August verbreitete sich in Straßburg eine jener Nachrichten, die während dieser langen angstvollen Wochen so oft, man weiß nicht aus welcher Quelle kommend, einen Augenblick die Herzen mit Freude erfüllten, den Mut neu beseelten, und welche, Tags drauf als unwahr sich herausstellend, nur eine umso größere Betrübnis verursachten.

Man sprach mit ausführlichen Einzelheiten von großen Erfolgen der französischen Armee bei Pfalzburg und Zabern. Zahlreiche Reisende, welche nach Straßburg einzudringen vermochten, hatten, wie sie sagen, eine starke Kanonade gegen die Vogesen hin gehört oder große Züge Verwundeter gesehen, oder sie meldeten, dass der größte Teil der um die Stadt gelagerten deutschen Truppen plötzlich zusammengepackt hätte und abgezogen wäre. Man freute sich einige Stunden über diese glücklichen Nachrichten, aber alsbald verwandelte sich die Freude in Trauer, als man sie als Lügen erkannte.

Franctireurs, National- und Mobilgarde auf dem Austerlitzer Platz

Eine fieberhafte Tätigkeit fing an, in der Stadt zu herrschen und man arbeitete, so viel wie möglich alles Unheil wieder gut zu machen, welches eine unglaubliche Unvorsichtigkeit schon verursacht hatte. Die Soldaten waren größtenteils voll Entschlossenheit und die Mobilgarde exerzierte eifrig. Diese Mobilgarde, welcher man anfangs nicht viel zutraute, hatte alsbald eingesehen, dass ihr eine schwere und große Aufgabe oblag und sie hatte sich schnell den Erfordernissen des Militärdienstes unterworfen; sie verbrachte die Nacht auf den Wällen, in den Vorwerken, zur Seite der alten Krieger, welche die entschlossene Haltung ihrer jugendlichen und unerfahrenen Waffengefährten freudig bewunderten.

Man beeilte sich, die Bäume auf den Straßen zu fällen; zahlreiche Arbeiter traten jeden Morgen aus allen Toren der Stadt und vollbrachten, durch Infanteriesoldaten beschützt, rasch diese Arbeit, während der sie mehrmals das Feuer der feindlichen Plänkler aushalten mussten.

Die Bäume wurden quer über die Straßen geworfen und in wenigen Tagen waren die schönen Alleen, die von den Toren an die nächsten Dörfer führten, ganz und gar verschwunden.

Mehrere kleine Scharmützel hatten schon zwischen feindlichen Truppenabteilungen und den auf den Vorwerken aufgestellten französischen Posten stattgefunden; auch einige französische Tirailleurs hatten in den Feldern Flintenschüsse auf einige in der Ferne rekognoszierende badische Dragoner abgegeben. Am 13. August fiel der erste Kanonenschuss. Gegen 5 Uhr Abends hatten badische Reiter und Fußgänger, die von Königshofen kamen, auf die französischen Arbeiter geschossen, die Bäume an den Straßen fällten. Man feuerte einige Kanonenschüsse von den Wällen auf die Angreifer und vertrieb sie damit.

Gegen halb 8 Uhr fand ein ernsteres Gefecht statt. Während des ganzen Tages hatten sich Patrouillen von 6, 8 oder 10 Mann des 2ten badischen Infanterieregiments hinter dem Friedhof St. Helena, unweit Schiltigheim, postiert und feuerten von dort auf die Vorwerke; andere stellten sich in den Hopfenfeldern längs der Eisenbahn auf und suchten zu plänkeln. Aber am Abend zog ein beträchtliches Detachement gegen den Friedhof. Es waren zwei Kompanie vom 2ten Bataillon des 2ten badischen Infanterieregiments. Eine derselben, die 9te Kompanie, fasste Fuß vor dem Friedhof; die andere stellte sich in einiger Entfernung an den Mauern des Klosters St. Charles auf.

Die Franzosen eröffneten gleichzeitig von den Wällen herab ein heftiges Gewehr und Geschützfeuer, welche etliche zwanzig Badener tötete oder verwundete.

Dies war nicht das erste Mal, dass der Friedhof St. Helena, vor und gegenüber dem Steinstraßer Tor, an der Kreuzung zweier Straßen, der Schauplatz militärischer Begebenheiten war. Bei der Blockade von Straßburg im Jahre 1814 hatte der Festungskommandant General Broussier diesen Friedhof in eine Schanze umgewandelt und mit einem Graben umgeben, der zum Teil noch besteht. Die Nationalgarde verrichtete dort um jene Zeit einen sehr tätigen Dienst, denn General Broussier hatte nur 7.000 Mann zu seiner Verfügung, die durch Krankheiten, besonders durch das Nervenfieber, geschwächt waren. Eine Batterie der Nationalgarde hatte also den Friedhof besetzt und die Vorposten waren auf der Schiltigheimer Straße aufgestellt. Aber lassen wir es mit den geschichtlichen Erinnerungen bewandt sein.

Am Abend des nämlichen Tages, gegen halb 11 Uhr, bemerkten die Posten auf den Wällen des Nationaltores in der Nähe der „Rotonden" (Eisenbahngebäude), eine Feuersbrunst ganz nahe dem Bahngeleise. Schon donnerten die Geschütze der Forts ihre ehernen Mahnungen hinüber, die Deutschen, die 24 Waggons in Brand gesteckt hatten, um beim Schein dieser Riesenfackeln mutmaßlich Erdarbeiten oder sonstige Manöver auszuführen, zu vertreiben.

14. August

Inzwischen hatte General Uhrich folgende Bekanntmachung anschlagen lassen:

6te Militärdivision

„Gerüchte, welche einen gewissen Bestand erlangt haben, scheinen anzudeuten, dass einige Personen eine feindselige Kundgebung für den 15. August veranstalteten.

In den bedenklichen Umständen, worin wir uns befinden, kann man nur eines von beiden sein: Entweder ein Freund oder ein Feind Frankreichs; alles andere verschwindet.

Der General Oberbefehlshaber erachtet es für seine Pflicht, zu warnen, ehe er strenge Maßregeln ergreift.

Folglich macht er kund, dass jeder, der die Ordnung zu stören versuchen würde, festgenommen und vor ein Kriegsgericht gestellt werden wird, welches sein Urteil binnen 48 Stunden erlassen soll.

Diese Warnung und die Vaterlandsliebe der übergroßen Mehrzahl der Straßburger Bevölkerung werden ohne Zweifel genügen, auf dass man ebenso sträfliche als wahnsinnige Projekte aufgebe."

Geschehen im Hauptquartier von Straßburg, den 13. August 1870

Der Divisionsgeneral, Oberbefehlshaber,
Uhrich

Der Präfekt des Niederrheins,
Gezeichnet: Baron Pron

Mit Staunen las man diese Mahnung, denn niemand hatte erfahren, dass irgendeine Kundgebung am 15. August stattfinden sollte, und die Warnung des Generals, ohne Zweifel durch falsche Berichte veranlasst, durch welche er sich zu schnell beunruhigen ließ, würde vielleicht beweisen, dass er selbst die mehr und mehr steigende Aufregung der Gemüter teilte.

Seitdem man die Kanonen donnern hörte, hatte sich diese Aufregung noch vermehrt, aber wahrlich nicht die Furcht war Ursache davon. Nein, man fühlte die Gefahr größer werden und damit fühlte jeder oder fast jeder, dass auch seine Pflichten größer wurden und willig legte man sich mehr und mehr Opfer auf. Man schloss sich enger an einander und wetteiferte an Mut und Ergebenheit.

Die Nationalgarde, welche einige Tage vorher errichtet worden war, bildete sich rasch und die bewaffneten Bürger waren meistenteils bereit, die Rolle der Wächter der inneren Ordnung, zu welcher allein sie berufen waren, zu überschreiten, und nötigenfalls an der Seite der Militärkorps zu marschieren und an dem Kampf mit dem Feind teilzunehmen.

Gleichzeitig tauchte der Plan auf, ein Franctireurskorps zu errichten. Man schlug vor, die im Gebrauch der Waffen geübten Bürger zusammenzuscharen und sie zur Verteidigung der Wälle, zu Ausfällen und Rekognoszierungen zu verwenden. Dieser Vorschlag wurde angenommen, und die Franctireurs waren nicht die mindest tapferen unter den Kämpfenden.

Der Tag vom 14. August war durch ein Ereignis bezeichnet, das damals sehr bedenklich erschien und das die ganze Stadt in Schrecken versetzte. Aber ach! Wie unbedeutend schien dies einige Tage später und wie schnell verwischten sich sogar die Erinnerungen desselben in Anbetracht der schrecklichen Leiden, die Straßburg heimsuchen sollten!

Schon Tags vorher war ein von einer feindlichen Batterie geschleudertes Geschoss in der Stadt niedergefallen, wo es einen Giebel und ein Kamin durchbohrte und in der Küche eines Hauses im Grünen Bruch zerplatzte. Am 14. August, morgens, drängte man sich an dieses Haus und staunte, ohne Ärgeres zu ahnen, über die große Tragkraft des Geschützes, welches eine Granate von Hausbergen bis in die Stadt geschleudert, und über die Verwüstungen, die ihre Splitter angerichtet hatten.

Am nämlichen Tage fielen mehrere Granaten in die Kronenburger Straße, auf den Johannisstaden, in die Gebäude des Leihhauses, in den Bahnhof, wo sie großen Schaden machten. Eines dieser Geschosse verursachte einen bedenklicheren Unfall: Dasselbe traf eine Gaslaterne am Trottoir der Kronenburger Straße, zertrümmerte diese Laterne und verwundete, als es zerplatzte, zwei Frauen und einen Mann, Namens Ulrich, der infolge einer schweren Schenkelwunde, einige Tage später starb.

Dies war das erste Opfer. Wie viele andere folgten leider!

Die ganze Stadt sprach voll Entsetzen von diesen Unglücksfällen und man meinte nicht, dass der Feind noch schrecklicher hausen könnte. Man glaubte, dass die Granaten gegen die Festungswerke gerichtet, dass einige darüber weggeflogen wären, und äußerte nur die Befürchtung, dass noch irgendein vom Ziel abweichendes Geschoss in eine oder die andere Vorstadt fallen könnte. Ja, wenn sich nur diese Befürchtung verwirklicht hätte!

An demselben Tag kündigte man in der Stadt an, dass die badischen Truppen die Ruprechtsau, ein zum Straßburger Stadtbann gehörendes und vor dem Fischertor, unweit der Orangerie gelegenes großes Dorf, besetzt hätten. In der Tat hatten sich Infanterieabteilungen daselbst festgesetzt und viele Bewohner der Ruprechtsau flüchteten sich nach Straßburg, wie die Einwohner aller benachbarten Dörfer, wo die feindlichen Truppen sich gezeigt hatten. Sie kamen meistenteils in Nachen, welche sie in der Eile mit allem beladen hatten, was sie von ihrer Habe mitnehmen konnten. Ein trauriges Schauspiel war es, diese armen Leute auf den Staden einige Möbel, ein wenig Bettzeug ausschiffen und hierauf in der Stadt eine Zufluchtstätte für sich und ihre Kinder suchen zu sehen!

Mehrere wohlhabende Gutsbesitzer der Ruprechtsau waren mit großen Transportbooten in die Stadt gekommen und hatten ein vollständiges Mobiliar mitgebracht.

Die Gassen der Stadt hatten an diesem Abend ein seltsames Aussehen. Die Gemeindebehörde hatte die Einwohner benachrichtigt, dass die Gasbehälter geleert werden und dass man Öllaternen für die Straßenbeleuchtung bereithalten sollte. Am Abend vom 14. August wurde die Maßregel zum ersten Mal in Vollzug gesetzt. An der Front jeden Hauses war eine Laterne angebracht und diese düstere Beleuchtung stimmte mit der Lage überein.

Diese Lichter, statt zu erhellen, ließen die Dunkelheit nur noch mehr hervortreten; dabei hatten alle diese Laternen so verschiedene Formen und Alter, hingen in so verschiedenen Höhen, die einen im Bodengeschoss, die anderen im dritten Stock, und der Anblick dieser tausend Lichtpunkte war so neu und wunderlich, dass man sich über das Einstellen der Gasbeleuchtung fast nicht beklagte. In den alten Stadtteilen, in den engen Gässchen der Krautenau, auf den alten Staden glaubte man sich in die Zeiten des Mittelalters versetzt, als man diese altertümlichen Häuser, notdürftig beschienen durch den rötlich trüben Strahl der dampfenden Ampeln, sah.

15. August

Die badischen Truppen, welche die Ruprechtsau besetzt hielten, waren ohne Zweifel durch ihre Plänkler von der Rekognoszierung vom vorhergegangenen Tage benachrichtigt worden und hatten sich zurückgezogen, um in der Nacht wieder zu kommen. Am 15. August, um 3 Uhr morgens, erdröhnte in der Tat ein furchtbarer Knall von der Ruprechtsau her: Die schöne Säulenbrücke über den Marne-Rheinkanal, welche von der Lenotre'schen Promenade in die Ruprechtsau führte, war während der Nacht vom Feinde unterminiert und nun gesprengt worden. Die direkten Verbindungen mit dem Dorf waren somit auch unterbrochen und Gemüse, Milch und Vieh, das von da täglich nach Straßburg gekommen waren, mangelten künftighin der Stadt.

Dieser 15. August hatte, wie leicht denkbar, nicht das Aussehen, wie in früheren Jahren. So lange Napoleon III. Frankreich in Händen hatte, musste Straßburg, wie alle andere Städte des Landes, an diesem Tag sich festlich schmücken und verausgabte große Summen für Belustigungen, welche die Leute von außen herbeilocken sollten. Trotz der gegenwärtigen Lage hatte man den Mut, in das Münster zu gehen und noch ein Te Deum zu Ehren des Helden zu singen, welcher Frankreich ins Verderben gestürzt hat, und dieser traurigen Zeremonie folgten Gebete für die auf dem Ehrenfeld gefallenen französischen Soldaten. Die Militärbehörden und Abteilungen aller Truppenkorps der Besatzung hatten diesem Gottesdienst beigewohnt.

Nachmittags wogte die Bevölkerung in den sonnigen Straßen. Ein Fremder, welcher, die Ereignisse nicht kennend, zufällig nach Straßburg gekommen wäre, hätte wahrlich, nach der fast feierlichen Ruhe auf den Gesichtern, sich's nicht versehen, dass die Stadt von feindlichen Truppen umgeben war, dass sie sich im Belagerungszustand befand, dass jeden Augenblick die Kanonen von oder gegen ihre Mauern donnern könnten.

Der Tag verging also ruhig und Straßburg war eingeschlummert, als plötzlich um halb 12 Kanonendonner von fern zu hören waren. Gleich darauf zischte und pfiff es schauerlich durch die Luft und eine Granate schlug in ein Haus der Stadt ein. Bald folgte ein anderes Geschoss und während einer halben Stunde flogen die Granaten durch die Lüfte, fielen auf die Gebäude und zerplatzten krachend.

Die Artillerie der Wälle antwortete den Schüssen des Feindes und erst nach Mitternacht hörte der höllische Lärm auf. Die Batterien, welche die Stadt während dieser dreißig Minuten beschossen hatten, waren meistenteils fliegende Batterien, das heißt bespannte Geschütze, die, nachdem sie einige Schüsse abgefeuert hatten, an einen anderen Punkt geführt wurden, wo sie wieder mehrmals feuerten; so fuhren sie auf einer großen Strecke herum, denn die Granaten kreuzten sich und fielen in verschiedenen Richtungen nieder.

Großer Schrecken herrschte in der Stadt; Frauen und Kinder hatten sich in die Keller geflüchtet und die Männer wachten, bereit die Brände zu löschen, welche die Geschosse hätten anzünden können.

16. August

Am folgenden Morgen herrschte eine große Aufregung unter der Bevölkerung; in aller Frühe eilte man in den Straßen herum, die durch die feindlichen Granaten verursachten Verheerungen betrachtend, deren Einzelheiten bereits von Mund zu Mund gingen.

Eine der ersten Granaten war auf die französische Bank gefallen und hatte das Glasdach über dem Treppengehäuse zertrümmert; Balken waren durchgeschlagen, die Fensterscheiben in Splitter zermalmt und alle die Trümmer auf die Stiege geschleudert worden, so dass die Personen aus den oberen Stockwerken, welche eilends in die Keller sich flüchten wollten, nur mit großer Mühe sich einen Weg bahnen konnten.

Eine andere Granate war in das Cafe Bauzin, gegenüber der französischen Bank, gefahren, hatte die Mauer durchbrochen und das Glasgehäuse über der Terrasse dieses Etablissements beschädigt.

Im Stelzengässchen zerschlug ein auf ein Dach gefallenes Geschoss Ziegel, Balken und einen unter dem Dach befindlichen Koffer; ein Splitter traf etwas weiter die steinerne Einfassung der Tür eines anderen Hauses, prallte ab und fuhr an das gegenüberstehende Haus, wo er die Mauer durchlöcherte und die Fensterscheiben zerbrach.

In der Münstergasse, 27, hatte ein Geschoss ein Kamin umgeworfen; hierauf zertrümmerte es das Gesims über dem Tor des Großen Seminars, in der Bruderhofsgasse, wo ein Lazarett eingerichtet war.

In der Spießgasse wurde die Vorderseite von zwei Läden, Nr. 28 und 20, durchlöchert; im Kesselgässchen ein Haus stark beschädigt; auf dem Alten Fischmarkt die Läden im ersten und dritten Stock des Hauses des Hrn. Martin Müller, Kunstgärtners, zertrümmert und zwei Zimmer durch Granatensplitter völlig verwüstet. Eine Granate war am Fuße der Gutenbergstatue niedergefallen und hatte im Platzen ein Stück des Fußgestells abgeschlagen; die Splitter fuhren gegen das Magazin des Hrn. Robert, Regenschirmfabrikant, und durchbohrten die Läden.

In der Schlossergasse hatte eine Granate den Kamin des Hauses Oesinger umgeworfen und war von da auf die gegenüberliegende Brauerei zum Leopard gefallen. Die Münze, in der Nähe des St. Thomasplatzes, ward von einem Geschoss getroffen; ein anderes zerstörte das Dach der israelitischen Gewerbeschule in der Halbmondgasse und schleuderte die Trümmer in den Schlafsaal des zweiten Stockwerks, der zum Glück leer war, da die Zöglinge auf Befehl des Aufsehers in dieser Nacht im ersten Stockwerk geschlafen hatten.

In der Hellenlichtergasse, 13, war eine Granate durch die Vorderseite in ein Zimmer des vierten Stockes gedrungen und hatte furchtbare Verheerungen darin angerichtet. Ein Trommler der Nationalgarde, Namens Umhöfer, lag in diesem Zimmer im Bett mit seiner Frau; die Granate fiel vor dem Bett nieder, platzte krachend und zerschlug das ganze Mobiliar in tausend Stücke; die Eheleute Umhöfer wurden beide verwundet und büßten all ihre Habe ein, aber ein Glück noch, dass die furchtbare Überraschung und die Angst sie nicht getötet haben! Den ganzen Tag über kamen Leute, die das verheerte Zimmer sehen wollten, und die Besucher legten in die Sparbüchse, die auf der Straße hingestellt war, ein Geldstück, um den armen Verunglückten ein wenig beizustehen.

Noch eine andere gleich teilnahmswerte Familie, die des Hausierers Simon Blum, in der Siebenmannsgasse, 6, hatte auch in dieser Nacht des 15. August viel zu leiden. Ein Geschoss war in die Bühne gefahren, hatte Balken zertrümmert, Waren vernichtet und einen Haufen Weißzeug und Papier angezündet. Das Haus wäre unfehlbar abgebrannt, wenn nicht ein Mann, der einzige der die Geistesgegenwart nicht verlor, auf den Speicher geeilt und das Feuer sogleich mit Wasser gelöscht hätte. Auch in dies Haus strömten die Neugierigen, und legten auf einen Teller ihr Scherflein zum Besten des armen Hausierers, Vater von sieben Kindern.

Im Salmengässchen, auf dem Kleberplatze, wurden verschiedene Häuser beschädigt. In der Kinderspielgasse verwundete eine Granate eine arme Frau in ihrem Bett und riss ihr beinahe beide Schenkel vom Leibe. Auf das Lyzeumgebäude, neben dem Münster, das auch in ein Lazarett umgewandelt worden war, fielen zwei Granaten; eine derselben zerschlug das Gesims auf 50 Zentimeter über den Fenstern eines mit Verwundeten angefüllten Saales; die andere zertrümmerte eine steinerne Platte, eine Tür und Fenster. Man räumte eiligst die Säle und schaffte die Verwundeten in die Keller.

Noch andere Häuser wurden durch das Bombardement beschädigt, das feine Verheerungen innerhalb einer Art von Halbzirkel ausgeübt hatte, der vom Broglieplatz ausging und bis zum Thomasplatz sich erstreckte.

Ich habe gesagt, dass die Einwohner der Stadt in großen Schrecken gerieten, als sie das unheilverkündende Pfeifen der Granaten vernahmen. Und doch war es gerade keine Überraschung für sie. Schon einige Tage zuvor hatte das Gerücht sich verbreitet, dass bereits am 15. August die Stadt bombardiert werden sollte; man sagte, dass badische Offiziere und Soldaten es den in die Stadt gehenden Bauern angekündigt hatten. Untereinander selbst sagte man halb im Spaß, halb im Ernst: „Wer weiß ob der Feind uns nicht ein kleines Fest auf den 15. August bereitet, ein kleines Feuerwerk nach seiner Art!“ Doch man glaubte nicht, dass aus dem Scherz bitterer Ernst würde.

Am Nachmittag des 16. August wurde ein aus Kavallerie, Artillerie und Infanterie bestehender starker Rekognoszierungsausfall in der Richtung von Illkirch und dem Neuhof gemacht. Die Truppen zogen zum Austerlitzer und Spitaltor hinaus. Die vorausgeschickten Plänkler kehrten zurück ohne etwas vom Feind gesehen zu haben, und die französische Kolonne rückte vor, bis die im Gebüsch längs der Straße versteckten badischen Truppen sie plötzlich mit einem lebhaften Gewehrfeuer empfingen. Diese waren in großer Anzahl und hatten, scheint es, eilends alle in der Gegend zerstreuten Detachements an sich gezogen.

Das unerwartete Gewehrfeuer brachte einige Verwirrung in die französischen Reihen, und die Kavallerie wagte nicht, die im Wald postierten Badener anzugreifen.

Obrist Fievet, vom 16ten Artillerie-Pontonniers-Corps, sprengte aber voran, in der Meinung, seine Soldaten würden ihm trotz aller Hindernisse folgen. Fast im gleichen Augenblick verwundete ihn eine Kugel am Bein, während eine zweite ihm die Säbelscheide zerschlug und eine dritte sein Pferd verletzte. Seine Soldaten hoben ihn sogleich auf und trugen ihn in die Stadt zurück, in das Lazarett des Kleinen Seminars.

Mehrere Artilleristen waren unter den feindlichen Kugeln gefallen, und man musste drei kleine Geschütze im Stich lassen. An diesem Tage machte man andere minder starke Rekognoszierungsausfälle gegen die Orangerie, vor dem Fischertor, und gegen das Dorf Königshofen, vor dem Weißenturmtor (Nationaltor). Einige Flintenschüsse wurden an den Ufern des Kanals bei der Orangerie gewechselt. Das in der Nähe gelegene Kloster zum Guten Hirten wurde von den Schwestern, die sich noch dort befanden, völlig geräumt und das Vieh aus den Ställen in die Stadt gerettet. Das Detachement; welches sich gegen Königshofen wendete, hatte kein Gefecht zu bestehen gehabt.

Die Befürchtungen eines lang dauernden Bombardements erlangten mehr und mehr Bestand, in Anbetracht der Arbeiten, welche der Feind rings um die Stadt ausführte, und die Gemeindebehörde verordnete daraufhin Vorkehrungsmaßregeln, die man übrigens schon in den meisten Häusern ergriffen hatte.

Folgender hierauf bezügliche Beschluss wurde bekannt gemacht:

Mairie der Stadt Straßburg

„Wir Maire der Stadt Straßburg,
In Anbetracht dass die Stadt der Gefahr ausgesetzt ist vom Feind bombardiert zu werden, und dass in Hinblick auf diesen möglichen Fall es ratsam ist, außerordentliche Vorsichtsmaßregeln zu treffen,

Beschließen:

1) Die Eigentümer oder Hauptmieter von Häusern im Inneren der Stadt sollen im Bodengeschoss, in sämtlichen Stockwerken und besonders auf den Speichern mit Wasser gefüllte Bütten stellen und genetzte Tücher oder Schwämme, wie auch Erde oder trockenen Sand daselbst in Bereitschaft halten, um augenblicklich den Anfang einer etwa entstehenden Feuersbrunst löschen zu können.

2) Die Zahl der Bütten, Tücher u.s.w. soll im Verhältnis zur Größe der Häuser und der Menge der darin befindlichen entzündbaren Stoffe sein.

3) Um eine immer tätige Aufsicht zu sichern, soll in jedem Haus zwischen den Eigentümern und Mietsleuten, der Reihe nach, oder auf jede andere Weise, eine fortwährende Nachtwache eingerichtet werden, die sogleich an den bedrohten Punkten wirken und die übrigen Hausbewohner aufwecken soll.

4) Sobald ein Brand sich in einem Haus zeigt, sollen die Bewohner oder Nachbarn es den Feuerwehrmännern im nächsten Depot anzeigen. Die Orte der Löschdepots sind nachstehend angegeben.“

Straßburg, den 12. August 1870
Der Maire,
Humann

Gutgeheißen:
Der General,
Oberkommandant der 6ten Militärdivision
Uhrich

Orte der Löschdepots:

1stes Depot Kageneckergasse
2tes Depot Büchergasse
3tes Depot Sackgässlein der Kinderspielgasse
4tes Depot Thomasstaden
5tes Depot Mairie
6tes Depot Schlossplatz
7tes Depot Schittleutstaden
8tes Depot Dielengasse

Dieser Beschluss wiederholte größtenteils die Bestimmungen eines Beschlusses, welcher am 15. Februar 1814 vom damaligen Maire in ähnlichen Umständen gefasst und vom General Broussier, Oberkommandant der um jene Zeit gleichfalls in Belagerungszustand befindlichen Stadt, genehmigt worden war.

Am 13. Februar 1814 hatte der badische Obristlieutenant, Freiherr von Lassolaye, mehrere Haubitzengeschosse auf die Stadt werfen lassen. Mehrere derselben fielen am Fuß der Wälle nieder; drei waren in die Kronenburgerstraße eingedrungen, und eine dieser, welch sonderbare Fügung, hatte einen Eckstein des benachbarten Grünen Bruches getroffen; im Jahre 1870 war es eine Gaslaterne am gegenüber befindlichen Eck, die zertrümmert wurde. 1814 war nur eine jener Bomben geplatzt und zwar ohne Schaden zu verursachen; 1870 platzte jede Bombe und welchen Schaden richteten sie an!

Diese Art von Feinseligkeit, die eigentlich mehr gegen die Zivilbevölkerung, als gegen die Garnison gerichtet und nur ein Einschüchterungsmittel war, hatte damals keine Folge. Nach diesem ersten Versuch verzichtete der Feind darauf; aber in der Voraussicht eines abermaligen Angriffes der nämlichen Art verordnete der Maire, Hr. Brackenhofer, mehrere Vorkehrungsmaßregeln, wovon der Maire von 1870 die wesentlichsten wieder in Kraft setzte.

Zu gleicher Zeit als jeder für die Sicherheit seines persönlichen Eigentums sorgte, veranstaltete man auch Wachen für ganze Stadtteile und errichteten die Bürger untereinander nächtliche Posten, die große Dienste leisteten und viele Brände verhüteten.

In der Steinstraße wurde der Anfang gemacht. Folgender Brief, den einer der Stifter dieser nützlichen Einrichtung an den Chefredakteur des Niederrheinischen Kuriers richtete, wird einen Begriff vom Wirken dieser Vereine geben:

An den Hrn. Chefredakteur des Niederrheinischen Kuriers.

„Herr Redakteur,

Die Bewohner der Steinstraße haben eine wichtige Maßregel ergriffen, indem sie in ihrem Stadtteil während des Belagerungszustandes einen Dienst für Aufsicht und erste Hilfeleistungen im Falle eines Brandes veranstalteten.

Zu diesem Zweck haben 140 Bürger, in Sektionen von je 15 Mann verteilt, einen Posten von Freiwilligen im Hause eines von ihnen, bei Hrn. Lipp, aufgestellt, wo mehrere Feuerspritzen und ein Wagen von Fässern, die mit Wasser angefüllt sind, stehen. Mehrere der Teilnehmer haben sich anheischig gemacht, Wagen mit Wasserfässern bereit zu halten, und diejenigen, welche Feuerspritzen besitzen, deren Zahl zufolge dem Verzeichnis sich auf 14 beläuft, haben dieselben dem Posten zur Verfügung gestellt.

Jede Nacht vereinigt sich eine Abteilung von 15 nicht bewaffneten Männern und überwacht durch zahlreiche Patrouillen alles, was zu einem Brande Anlass geben könnte. Im Falle eines Brandes begibt sie sich an die Brandstätte mit einer oder mehreren Spritzen, macht Alarm und wird im Posten durch ein anderes Piquet ersetzt.

Bei Ankunft der Feuerwehrmannschaft der Stadt wirkt der Bereich nur noch unter der Leitung des Chefs. Im Verein der Steinstraße haben die Urheber dieser Einrichtung ihre Zeit nicht verloren; sie erinnern sich des Wahlspruches: „Hilf dir und der Himmel wird dir helfen!“ Und das Beispiel ihrer Väter befolgend, handeln sie.

Man meldet uns, dass das von den Einwohnern der Steinstraße gegebene Beispiel schon Nachahmer gefunden hat, und dass ähnliche Vereine in der Kronenburgerstraße und in der Austerlitzergasse gebildet werden.“

Genehmigen Sie u.s.w.

Ein Bewohner der Steinstraße

Das von den Vorstädten gegebene Beispiel wurde bald in beinahe allen Stadtteilen nachgeahmt, und täglich sah man vom Einbruch der Nacht bis zum andern Morgen freiwillige Wächter die Straßen durchstreifen.

Am 15. und 16. August wurden verschiedene Bekanntmachungen der Behörden angeschlagen.

Die erste war nachstehender Beschluss des Präfekten:

Verlängerung der Vollmachten des Gemeinderaths

Beschluss

„Im Namen des Kaisers,
Wir Präfekt des Niederrheins,
In Anbetracht der Gesetze vom 5. Mai 1855 und 22. Juli 1870,
In Anbetracht des Belagerungszustandes,
Erwägend, dass die Kriegsumstände die Bürger verhindert haben, zu den Gemeindewahlen zu schreiten, wie sie auch die Regierung verhinderten, die Verwaltung neu zu organisieren;

Beschließen:

Art. 1. Die Vollmachten des Gemeinderates der Stadt Straßburg sind bis auf weiteren Befehl verlängert.

Art. 2. Der Hr. Maire ist mit der Vollziehung des gegenwärtigen Beschlusses beauftragt.“

Geschehen in Straßburg, den 15. August 1870

Der Präfekt des Niederrheins,
Baron Pron

Gesehen und genehmigt,
Der Divisionsgeneral, Oberbefehlshaber,
Uhrich

Die Stadtbehörden hatten bis dahin noch nicht das Bedürfnis gefühlt, die Bürger der Stadt oder deren Vertreter um Rath zu fragen und mit ihnen die sich aufdrängenden wichtigen Fragen zu besprechen. Zwar berief der Maire ein Mal den Stadtrats, aber dabei ließ er es bewenden, und während der ganzen Belagerung, mit Ausnahme der letzteren Wochen, erhielten die Bürger nicht die mindeste bestimmte Mitteilung über die Lage der Stadt und des Inlandes, und doch waren den Behörden gar manche Nachrichten zugekommen, die sie pflichtgemäß der Bevölkerung hätten zur Kenntnis bringen sollen. Nun ist es aber möglich, dass militärische Gründe dies Stillschweigen geboten, oder man wollte die Straßburger nicht in Schrecken versetzen und entmutigen. Anfangs hatten diese von den Kirchen oder andern öffentlichen Gebäuden, oder auch von irgendeiner Anhöhe herab die Bewegungen des Belagerungsheeres betrachtet; aber nachstehender Beschluss des Präfekten verbot den Einwohnern, die öffentlichen Gebäude zu besteigen:

Verbot die Kirchtürme und öffentlichen Gebäude zu besteigen

Anzeige

„Es ist ausdrücklich verboten, unter irgend einem Vorwande, die Kirchtürme oder die Plattformen der Stadtgebäude zu besteigen, oder daselbst stehen zu bleiben, wenn man hierfür nicht eine persönliche, vom kommandierenden Obergeneral oder vom Präfekten ausgestellte Erlaubnis erhalten hat.

Jede Person, welche diesem Verbot zuwider handelt, wird eingesperrt."

Straßburg, den 16 August 1870

Der Präfekt,
Baron Pron

Mehrere Gebäude, unter anderen das Kloster zum Guten Hirten, in der Nähe der Orangerie, der Ruprechtsau gegenüber, waren vom Feind besetzt und versperrten den Artilleristen in der Zitadelle und auf den Wällen des Fischertors die Fernsicht; man beschloss daher, diese Gebäude zu zerstören. Den 17. August verließ die 3te Kompagnie des 4ten Bataillons des 18ten Linienregiments die Vorwerke der Zitadelle, mit dem Auftrag das Kloster zum Guten Hirten zu besetzen und den Bewohnern der Nachbarschaft anzuzeigen, dass sie ihre Häuser räumen sollten, da diese samt dem Kloster und den Tannen rings um die Orangerie im Laufe des Tages in Brand gesteckt werden würden.

Um halb 3 Uhr morgens verließ die Kompagnie die Vorwerke der Zitadelle; eine Abteilung unter dem Kommando des Lieutenants Luya bildete die Vorhut; ihr folgte eine zweite, unter den Befehlen des Kapitäns Laporte und des Unterlieutenants Leroy.

Man hatte gesagt, das Kloster sei vom Feind besetzt, und nach einem bei solchen Operationen üblichen Marsch, ward dasselbe bald von den Soldaten umringt. Da aber kein Feind darin war, so wurde es zuerst durch die Vorhut und dann durch die andere Abteilung militärisch besetzt.

Plötzlich richtete der in einem Haus auf der anderen Seite des Kanals und in einem Wirtshaus in der Nähe der Brücke postierte Feind ein heftiges Feuer gegen die Franzosen, und der Trompeter Bastier wurde dabei am Bein schwer verwundet.

In Anbetracht der Bodengestaltung, war das einfachste Mittel, sich Respekt zu verschaffen und die verschiedenen Operationen zu gutem Ende zu führen, dass man den Feind aus seiner Stellung vertrieb.

Die Lebhaftigkeit der Soldaten gestattete ihnen übrigens nicht, dem Feind gegenüber untätig zu bleiben. Drei Rotten wurden als Plänkler aufgestellt, der Unterlieutenant Leroy links, der Lieutenant Luya im Zentrum, der Sergeant Jerome rechts, während der Rest der Kompagnie, unter den Befehlen des Kapitäns, das Kloster hütete.

Diese Rotten schritten entschlossen voran, beinahe ohne zu schießen, indem sie hinter den Bäumen und dem Kanalufer sich schützten; auf diese Weise gelangten sie hinter den Kanaldamm und die zerstörte Brücke, die ihnen beide einen vortrefflichen Schutz boten.

Von da wurde ein wohlgenährtes Feuer gegen das Haus und den Damm gerichtet, die der Feind besetzt hielt, aus welcher Stellung er jedoch vertrieben und gezwungen wurde, sich hinter dem Damm zu verbergen. In diesem Augenblick erhielten die Badener Verstärkungen, und die Unsrigen, die Ankommenden von vorn und auf der Seite angreifend, brachten ihnen einige Verluste bei. Von jetzt an wurde das Flintenfeuer beiderseits sehr lebhaft, und während fast einer Stunde wurden Flintenschüsse von einem Ufer des Kanals zum anderen gewechselt.

Die Kompagnie des 18ten Linien-Infanterieregiments hatte sieben Verwundete. Bewohner der Ruprechtsau versichern, dass der Feind vierzig kampfunfähige Mann zählte.

Der Zweck der Rekognoszierung war erreicht; das Kloster und die benachbarten Häuser waren von ihren Bewohnern geräumt, und am

Nachmittag des nämlichen Tages konnten die Kanonen der Zitadelle diese Gebäude zerstören.

Während drei Stunden schleuderte die Zitadelle Geschosse gegen dieselben. Die Kugeln, welche die Mauern des Klosters umwerfen sollten, verfehlten anfangs ihre Wirkung; sie durchlöcherten zwar die Mauern, aber das Gebäude brach nicht zusammen. Um acht Uhr abends jedoch stiegen Flammen auf, und am folgenden Morgen war das Zerstörungswerk vollendet. Die Mobilgarde war mit dieser Operation beauftragt worden, um sie mit dem Kanonenmanöver vertraut zu machen.

An diesem Tage, wie später noch gar manchmal, waren in der Stadt Gerüchte im Umlauf, welche alle Gemüter freudig bewegten. Man sagte, die in den benachbarten Dörfern, in Illkirch, Eckbolsheim, Lingolsheim, Mundolsheim, Holtzheim befindlichen feindlichen Truppen hätten sich rasch zusammengezogen und wären eilends gegen Geispolsheim aufgebrochen, wo irgendetwas Außergewöhnliches sich zugetragen haben musste. Es hieß, dem Feind sei ein französisches Corps signalisiert worden, das zur Rettung Straßburgs herankomme.

Lauter Erfindungen!

Aber leider keine Erfindung war die gleichfalls in der Stadt verbreitete Nachricht, dass das Belagerungsheer verstärkt worden sei, dass rings um die Stadt Batterien sich erheben, und dass die umliegenden Dörfer völlig von den deutschen Truppen besetzt seien, die sich da installiert und an den Ein und Ausgängen der Dörfer Barrikaden errichtet hatten.

18. August

Die für die Verteidigung des Platzes benötigten Operationen waren noch immer nicht beendigt, und schon lag der Feind über eine Woche vor der Stadt. Schiltigheim, das erste Dorf in welches man gelangt, wenn man zum Steinstraßertor hinausgeht, hatte sich seit einigen Jahren, Dank der Straßburger Bierbrauer, die da großartige Keller angelegt und Bauten aufgeführt, außerordentlich vergrößert. Große und schöne Etablissements waren rings um Schiltigheim gebaut worden, dessen letzte Häuser nur wenige hundert Meter von den Festungswerken entfernt waren. Diese starken Bauten konnten dem Feind als Obdach und Beobachtungsposten dienen, und man musste sie daher opfern. Detachemente der Besatzung zogen am frühen Morgen des 18ten aus, um die der Zerstörung geweihtem Gebäude in Brand zu stecken. Sie hatten aber gleich anfangs das Feuer des Feindes auszuhalten, der diese Operation nicht so ruhig vollenden lassen wollte. Zwei Stunden lang unterhielten die französischen und die deutschen Plänkler ein lebhaftes Gewehrfeuer, und unterdessen wurden die bezeichneten Etablissements in Brand gesteckt. Bald standen Brauereien, Mälzereien, hübsche Landhäuser, große geräumige Schuppen in Flammen, welche die Frucht jahrelanger Arbeit, blühende Industrien, Millionen vernichteten.

Der nicht weit von Schiltigheim gelegene Friedhof St. Helena musste auch Verstümmelungen erleiden. Die Toten selbst wurden nicht respektiert. Die düstern Tannenalleen, die den Friedhof abteilten, die Pappeln, die ihn umringten, die großen Trauerweiden, die die Gräber beschatteten, erlagen den Axthieben, und die Grabsteine standen nackt da, jenes geheimnisvollen Dunkels beraubt, das die alten Bäume über sie breiteten. Der alte Vater Geiß, der Totengräber, kehrte traurig in die Stadt zurück, sein Häuschen verlassend und nichts mitnehmend als die Beerdigungsregister. Er hatte vor seiner Wohnung ein Rebengelände, das in Straßburg berühmt war. Beinahe jedes Jahr hing es voll von so vielen stattlichen Trauben, das alles hinausströmte, um sie zu bewundern; und der greise Totengräber, ganz entzückt über diese Neugierde, erzählte jedem, der sie hören wollte, die Geschichte seiner

Rebe. Dieses Jahr hatte zum ersten Mal niemand die Trauben des Vaters Geiß besucht.

Seit dem 15. August hatte der Feind keine Geschosse mehr in die Stadt geschleudert, und man suchte sich zu überreden, das Bombardement habe bloß anlässlich des Napoleonfestes stattgefunden, und die Bevölkerung habe nichts mehr vom feindlichen Feuer zu befürchten. Ganz beruhigt fühlte man sich jedoch nicht, denn unbestimmte Gerüchte sagten, der Feind habe die Stadt aufgefordert sich zu ergeben, und gedroht das Bombardement fortzusetzen, wenn die Aufforderungen zur Übergabe erfolglos bleiben würden.

Die August und Septembernächte des Jahres 1870 werden nie aus dem Gedächtnis der Straßburger schwinden. Den 18. August, um 9 Uhr abends, schreckte ein furchtbarer Knall die Einwohner: Der Feind hatte eine Granate in die Stadt geschleudert.

Nun folgten sich die Geschosse beinahe ohne Unterbrechung. Die Granaten zischten pfeifend durch die Luft und platzten über den Häusern, in den Höfen mit einem furchtbaren Knall, der schauerlich in der Stille der Nacht weithin erschallte.

Um Mitternacht deckte ein greller Schein die Weißenturmstraße: Ein ungeheuerer Brand war in der St. Aureliengasse ausgebrochen, veranlasst durch eine Bombe, welche in eine mit Heu gefüllte Scheune gefallen war. Das Feuer griff rasch um sich, und in kurzer Zeit standen ungefähr zehn Gebäude, die sechs oder sieben Eigentümern gehörten, in vollen Flammen.

In Belagerungszeiten wird, wie es scheint, die Sturmglocke nicht geläutet, wenn ein Brand ausbricht; der Löschdienst war aber so gut organisiert, dass bald Hilfe da war, und das Feuer wurde mutig bekämpft. Die Bewohner der brennenden Häuser versuchten noch ihre Habe zu retten, einigen gelang dies auch teilweise, aber gar vieles musste im Stich gelassen werden: Vieh, große Vorräte, Waren aller Art wurden ein Raub der Flammen.

Das Eigentum der HHrn. Federlin, Ackergärtner; das Haus Schott; das Haus Freiß, worin ein Lithograph, Hr. Haberer, wohnte; das Haus, welches die HHrn. Gebrüder Levy, Lumpenhändler, inne hatten; das Haus Kirnmann und noch andere brannten gänzlich ab, und in wenigen Stunden war ein großer Raum zwischen der Aureliengasse und der Weißenturmstraße in einen Schutthaufen verwandelt.

Die Mobilgarde, Truppenabteilungen und die Einwohner leisteten der Löschmannschaft wackern Beistand, und zwischen 4 und 5 Uhr morgens war das Feuer bewältigt. Die Weißenturmstraße war angefüllt mit Schutt und geretteten Habseligkeiten, und tausende von Personen strömten am Tage herbei, um sich dieses traurige Bild anzusehen.

Die ganze Nacht regnete es Granaten in die Stadt, und jeder Augenblick brachte ein neues Unglück. Zu diesem Bombardement wirkten, außer der westlich und östlich der Stadt errichteten Batterien, noch mehrere fliegende Batterien mit.

Eine Granate zerschlug die Fensterscheiben im ersten Stockwerk des Hauses Carré auf dem Gutenbergplatz; auf dem nämlichen Platz drang ein Geschoss in das Haus Sick und Marckert. In der Schlossergasse, 15, an der Ecke der Kettengasse, zertrümmerte eine Granate eine Mauer, und ein Kamin und zerschlug die Fenster des Nachbarhauses; in der gleichen Gasse wurden im Hause Masson zwei Zimmerdecken durchschlagen. Geschosse fielen auf Gebäude in der Dornengasse, Knoblauchgasse und Küfergasse und zertrümmerten Dächer und Mauern; mitten im Schiffgässchen zersprang eine Granate; eine andere fiel auf das Haus der Gebrüder Dietrich, Niklausstaden. Vor dem Estaminet Schützenberger, im Alten Fischmarkt, platzte eine Granate auf dem Pflaster; sechs Häuser am Schiffleutstaden wurden beschädigt, und ein Geschoss fiel in den Hof der Niklauskaserne.

Die Bierbrauerei zu den Zwei Beilen, die Gartnerstube, in der Weissenturmstraße, das Haus Schäffer; der Englische Hof, auf dem Alten Weinmarkt, erlitten arge Beschädigungen.

Beschießung der Zitadelle durch die Mörserbatterien aus Kehl

Große Unglücksfälle in der Nähe des Münsters; selbst dies herrliche Denkmal blieb nicht verschont; aus einer der Galerien der Hauptfassade wurde ein Stück geschlagen. Eine Granate fiel auf ein Schiff, das am Leinpfad des Schiffleutstadens angebunden war, platzte mit furchtbarem Gekrach und durchlöcherte es, so dass es versank. In der Jungfrauengasse fiel eine Granate auf das Haus Momy.

Eine Granate drang durch die 70 Zentimeter dicke Mauer der aus Haussteinen aufgeführten Fassade des Hauses Bach, in der Judengasse, platzte in einem Zimmer und zertrümmerte sämtliche darin befindliche Möbel.

In der Regenbogengasse ereignete sich ein schreckliches Unglück. Eine Granate fiel auf ein von katholischen Schwestern geleitetes Pensionat: Zwei junge Mädchen wurden auf der Stelle getötet, und fünf andere, worunter eine Sterbende, schwer verwundet zum im Kleinen Seminar errichteten Lazarett gebracht, wo Hr. Doktor Herrgott, Oberarzt, ihnen die erste Pflege angedeihen ließ; vieren von diesen unglücklichen Kindern musste das Bein oder der Schenkel abgenommen werden. Zur nämlichen Stunde wurde ein tödlich getroffener Arbeiter in das Lazarett gebracht.

Ein großes neu erbautes Haus in der Wilhelmergasse, neben dem botanischen Garten, wurde stark beschädigt, und vom Pfarrhaus der Wilhelmerkirche ein Teil des Daches weggerissen. Zwei Bomben fielen auf die Tabakmanufaktur, die sogleich geräumt wurde.

In der Krautenau wurden siebenzehn Häuser beschädigt.

Eine in Kehl, am Rhein, errichtete Batterie hatte die Zitadelle zur Zielscheibe ihrer Schüsse erkoren. Da schien das Bombardement kein Ende nehmen zu wollen. Granaten und Bomben fielen da hageldicht, Tod und Verderben ausstreuend. Einem Turco wurden die Beine weggerissen; Soldaten aller Waffengattungen, Mobilgarden wurden durch Granatensplitter verwundet. Frauen, Kinder, Soldaten hatten sich in eine Kasematte der Zitadelle geflüchtet; die Frauen und die Kinder weinten und beteten, voll Angst am Boden kauernd; auch dieser unterirdische Raum bot keine Sicherheit, denn zwei Granaten drangen hinein. Plötzlich stürzte ein Artillerist in die Kasematte, mit dem Rufe: „Ihr befindet euch unter einem Pulverturm, und der Feind scheint darauf zu zielen!“ Der Pulverturm war aber zum Glück gut geschützt. Welch eine Katastrophe, wenn eine Bombe hineingedrungen wäre! Die unglücklichen Flüchtlinge benützten einen Augenblick, wo das Feuer ein wenig nachließ, um an einen anderen Ort zu flüchten.

Der Kirchturm der Zitadelle, das Gebäude der Stabsoffiziere, die Kaserne, das Arsenal wurden arg zugerichtet.

Eine Granate fiel in den Saal der Wilhelmer Schule während der Schulzeit. Zum Glück war die Schule Tags zuvor geschlossen worden, sodass sich kein Kind im Saal befand; aber die Pulte und die Bänke flogen in Stücke. Wäre an diesem Tage noch Schule gehalten worden, so hätte man wahrscheinlich ungefähr fünfzig Opfer mehr gehabt.

Die von Kehl aus zum Fischertor geschleuderten Geschosse trafen mehrere Arbeiter, die mit dem Abbrechen einiger Bauten vor diesem Tor beschäftigt waren. Ein Arbeiter, der am Petit Moulin abbrach, wurde von zwei Granatensplittern getroffen und verschied wenige Stunden darauf an den empfangenen Wunden. Auf den Leinpfad vor dem Fischertore, auf die Werkplätze wo Arbeiter mit Aufladen ungeheuerer Holzquantitäten beschäftigt waren, die auf Befehl der Behörden in die Stadt gebracht werden mussten, fielen zahlreiche Geschosse nieder.

Granaten schlugen auf das Sandplätzchen, andere prallten an die Mauern des Stadens in der Nähe der Stephansbrücke; eine Granate oder ein Granatensplitter traf das Gebäude des Kleinen Seminars, wo zahlreiche Verwundete lagen. Mehrere Granaten fielen auch in den Stadtgrabenkanal.

Kurz: Überall Verheerungen, Unfälle, arges Unglück.

19. August

Am Morgen des 19ten war es ruhig; nachmittags erdröhnten die Kanonen auf den Wällen: Mehrere Gebäude in der Nähe des Weißenturmtores und des Kronenburgertores, die dem Feind ein Obdach liefern konnten, wurden zusammengeschossen.

Am Abend feuerten von Zeit zu Zeit die Kanonen der Festungswerke. Gegen Mitternacht vernahm man auf der Seite des Weißenturmtors ein lebhaftes Gewehrfeuer, vermischt mit einzelnen Kanonenschüssen. Das Gewehrfeuer dauerte beinahe eine halbe Stunde, und noch gegen Morgen donnerten die beim Weißenturmtor aufgestellten Kanonen.

Sogleich verbreiteten sich allerlei Gerüchte in der Stadt. Man sprach von einem Angriff, der auf dieser Seite gemacht wurde; Soldaten sollen in Nachen bis zu den Gedeckten Brücken vorgedrungen sein; die Kanonen oben auf den Wällen hätten aber arg unter ihnen aufgeräumt und die Nachen teilweise in Grund gebohrt.

Auf dieser Seite der Ill hatte jedoch der Feind keinen Versuch gewagt; sein Angriff hatte der sogenannten Pastete, ein Fort vor dem Weißenturmtor, an der Straße zum Grünen Berg, gegolten, dem er sich unter dem Schutz einer hinter dem Friedhofe St. Gallen errichteten Batterie zu nähern gesucht hatte.

Das Gewehrfeuer, das man gehört hatte, war zwischen den Soldaten in der Pastete und dem sich nähernden Feinde gewechselt worden. Von den hohen Wällen des die Umgegend beherrschenden Fort Blanc donnerten die Kanonen gegen die feindliche Batterie und beim fünften Schuss war sie demaskiert. Den Franzosen waren einige Mann verwundet worden; der Feind hatte Tote und Verwundete. Die Mobilgarde nahm an allen diesen Scharmützeln, diesen kleinen Gefechten teil, und gewann auf diese Weise eine immer größere Übung in der Kriegskunst.

Nächtliche Beschießung von Straßburg

Nachstehende Proklamation, die General Uhrich an sie richtete, beweist übrigens, dass die von der Mobilgarde geleisteten Dienste volle Anerkennung fanden:

Tagesbefehl der Division

„Offiziere, Unteroffiziere, Korporale und Brigadiers der Mobilgarde!

„Nun, da die Operationen betreffs der Bildung der Bataillone oder Batterien der Mobilnationalgarde beendigt sind, beabsichtigte ich, euch unter der Leitung eurer Chefs einen gewissen Instruktionsgrad erwerben zu lassen und euch hierauf zusammenzuberufen, um Euch zu mustern und eure Bemühungen, schnell waffengeübte Soldaten zu werden, zu würdigen.

Die Umstände erlauben mir nicht, dieses Vorhaben zu verwirklichen. Der Feind ist rings um die Mauern des Platzes erschienen. Eure Anwesenheit auf den Wällen und in den detachierten Festungswerken ist fortwährend notwendig; ich verschiebe also den Augenblick, euch unter Waffen zu sehen. Es wird mir von eurer Haltung vor dem Feinde Bericht erstattet. Jeden Tag zeiget Ihr euch vertrauter mit den Erfordernissen des Dienstes und standhafter Angesichts der Gefahren.

Ihr werdet bald völlig kriegsgeübt sein; euch und euern Chefs danke ich für eure Bemühungen, um dies Ziel zu erreichen. Verharret!“

Geschehen im Generalquartier zu Straßburg,
den19. August 1870

Der Divisionsgeneral, Oberbefehlshaber,
Unterzeichnet: Uhrich

20. August

Ein einziges Ereignis trug sich an diesem Tage zu, aber es setzte die ganze Stadt in Bewegung und bildete das Tagesgespräch. Um zwei Uhr nachmittags war der Platzkapitän Röderer, in Begleitung des Trompeters Höltzel, zum Steinstraßertor hinausgeritten, um sich eines Austausches von Korrespondenzen wegen ins badische Generalquartier nach Schiltigheim zu begeben.

Der Kapitän Röderer und der Trompeter hatten schon mehrere Male den nämlichen Weg gemacht mit der Parlamentärfahne in der Hand. Nachdem sie ihres Auftrags sich entledigt hatten, kehrten sie auf der kleinen Schiltigheimerstraße zur Stadt zurück, als auf 300 Meter von der Festung das Pferd des Kapitäns zu traben anfing. Nun sollen aber, wie es scheint, den Kriegsregeln zufolge, die Parlamentäre nur im Schritt reiten.

Sogleich wurden einige Flintenschüsse aus einem nahen Hopfenfeld abgefeuert und zwei Kugeln trafen den Kapitän Röderer; die eine verwundete ihn an der Wade, die andere streifte seinen Hals; sein Pferd stürzte unter ihm. Dem Trompeter Hölzel fuhr eine Kugel durch sein Kepi und berührte leicht den oberen Teil des Kopfes; eine zweite drang durch die linke Brustwand, ohne jedoch schwere Verletzungen zu verursachen. Beide Reiter fielen zu Boden und wurden von nicht weit davon beschäftigten Arbeitern aufgehoben und auf Tragbahren in die Stadt gebracht.

Ein Missverständnis muss hier vorgelegen haben, sagte man allgemein; einige feindliche Plänkler, welche das Pferd des Kapitäns galoppieren gesehen, werden aufs Geratewohl auf denselben und den ihm folgenden Soldaten geschossen haben. Ein deutscher Parlamentär erschien in der Tat Tags darauf, um dem Kommandanten der Festung die Entschuldigungen des deutschen Generals zu überbringen und anzukündigen, dass die Soldaten, die sich dieses Vergehens schuldig gemacht hatten, streng bestraft werden würden.

21 August

Die von den Belagerern für den Angriff ausersehene nördliche Seite der Stadt war durch zahlreiche, sich gegenseitig unterstützende und ziemlich weit hinaus sich dehnende Werke verteidigt; aber sie ist zu gleicher Zeit von Hügeln und Bodenerhöhungen beherrscht, auf denen die vom Feind besetzten Dörfer Schiltigheim und Hausbergen sich erheben. Der aus dieser Bodenungleichheit erfolgende Nachteil für die Stadt war seit lange von den fachkundigen Männern erkannt worden, und schon im Jahre 1866 hatte General Ducrot den Vorschlag gemacht, auf diesen Anhöhen Forts zu bauen. Dieser Plan wurde jedoch aufgegeben.

Auf der Südseite waren die Festungswerke einfacher; auf dieser Seite bedurfte man keiner Vorwerke, denn bis auf eine Stunde Wegs hinaus konnte der Boden leicht unter Wasser gesetzt werden und dann war sie auch einigermaßen durch die Zitadelle beschützt.

Auf der Nordseite war die Stadt so ziemlich von den Häusern und Bäumen befreit, welche der Verteidigung am hinderlichsten waren. Auf der Südseite hingegen waren bloß die Bäume am Rand der Straßen gefällt worden, und auf einige hundert Meter vom Platz standen noch zahlreiche Bauten: Landhäuser, Wirtshäuser mit großen Gärten, die ein wahres Dorf bildeten. Der Feind hatte nicht versäumt, diese als vortreffliches Obdach zu benützen, um manchmal auf sehr kurze Entfernung sich der Stadt zu nähern, und von den Wällen herab hatte man zu verschiedenen Malen in dem ganz nahe beim Austerlitzertor befindlichen Garten eines Kunstgärtners Plänkler herumstreifen gesehen.

Erst am 21. August schrieb folgender Befehl das Abbrechen aller dieser Bauten vor:

6te Militärdivision
Platzkommandantschaft von Straßburg
Genie

„Auf Befehl des Hrn. General-Oberbefehlshabers,
sind alle Eigentümer der Häuser und Gärten südlich von der Stadt, zwischen den Glacis und dem Damm der Eisenbahn, aufgefordert, ihre Häuser zu räumen.

Es ist ihnen hierfür eine Frist von 48 Stunden bewilligt.

Sie sollen nach diesem Zeitraum selber die Häuser und Umzäunungen niederreißen, widrigenfalls die Niederreißung von Amtswegen und auf ihre Kosten, dem Gesetze gemäß, bewerkstelligt werden wird."

Straßburg, den 21. August 1870.

Der Obristlieutenant, Kommandant des Genie,
Maritz

Es war wirklich jammerschade, die hübschen neuen Häuser abzubrechen, die in den letzten Jahren da gebaut worden waren, die schönen Gärten längs der Straße zu verwüsten, mit dem Beil die schattigen Gebüsche, die Baumgruppen, die Alleen umzuhauen; aber der General befahl und man gehorchte. Was fortgebracht werden konnte, wurde auf Wagen geladen, und zwei Tage lang sah man mit Möbeln und Gegenständen aller Art schwerbeladene Wagen durch das Tor in die Stadt ziehen, worauf Kanonen und Feuer ihr Zerstörungswerk begannen.

Jeden Tag zog der Feind neue Verstärkungen an sich, und jeden Tag schloss sich der Kreis um die Stadt enger. Ringsum arbeitete er tätig; schon begonnene Werke wurden vollendet und frische angefangen, und so sah sich der Maire am 21. August gezwungen, die Bevölkerung zu benachrichtigen, dass die Beerdigungen nicht mehr außerhalb der Mauern stattfinden könnten und dass im Innern der Stadt ein Platz hierfür angewiesen sei. Mehrere Leichenzüge hatten, als sie kaum zum Tor hinaus waren, wieder umkehren müssen, weil feindliche Detachemente ihnen den Weg versperrten oder auch weil derselbe durch das Feuer des Feindes höchst unsicher geworden war.

Dieser Beschluss lautete:

Mairie der Stadt Straßburg

„Wir Maire der Stadt Straßburg,
In Anbetracht des Belagerungszustandes,
Erwägend dass der St. Helenafriedhof von den Verteidigern der Stadt besetzt ist; dass der St. Gallenfriedhof vom Feinde in Besitz genommen wurde, und dass der St. Urbanfriedhof, der großenteils unter Wasser steht und nur wenig Platz für neue Gräber bietet, auch vom Feinde bedroht ist;

Dass bei so bewandten Umständen ausnahmsweise Maßregeln ergriffen werden und die Beerdigungen vorläufig im Inneren der Stadt stattfinden müssen,

Haben beschlossen:

Art. 1. Die Beerdigungen finden vorläufig im botanischen Garten statt. Alle Vorkehrungen zur Verhütung ungesunder Ausdünstungen sollten getroffen werden.
Nach Beendigung des Belagerungszustandes können die Leichen wieder ausgegraben und in die früheren Friedhöfe gebracht werden.

Art. 2. Gegenwärtiger Beschluss wird dem Hrn. Präfekten und dem Hrn. Divisionsgeneral zur Genehmigung vorgelegt werden.

Geschehen zu Straßburg, im Stadthause,
den 20. August 1870
Der Maire,
Humann

Gesehen und genehmigt:
Der Divisionsgeneral, Oberbefehlshaber, Uhrich

Der Präfekt des Niederrheins, Baron Pron

Der botanische Garten, von dem in diesem Beschluss die Rede ist, liegt im östlichen Teile der Stadt, den Akademiegebäuden gegenüber. Da wurden nun große Gruben gegraben, und in diese versenkte man, während der ganzen Dauer der Belagerung, die Toten. Ein Sarg sank neben den anderen, da lagen Reiche und Arme, Greise und Kinder, Offiziere und gemeine Soldaten. Ein kleines Kreuz mit einem Namen darauf, bezeichnete die Stelle eines jeden Sarges, und täglich mussten diese gemeinschaftlichen Gruben erweitert werden, um die stets zunehmende Zahl der Toten fassen zu können.

Dies Totenfeld enthält großenteils die Geschichte des heldenmütigen Widerstandes der Stadt Straßburg; jedes seiner Kreuze bezeichnet ein Drama. Da liegt ein Kind, das mitten in seinen harmlosen Spielen von einer Granate getroffen wurde; dort ein Vater, eine Mutter, aus dem Kreise der Ihrigen gerissen; hier ein Soldat, der auf den Vorposten den Heldentod gefunden; nebenan ein Offizier, an der Spitze seiner Truppen weggerafft. Es gibt nicht wohl einen Straßburger, dem nicht ein Verwandter, ein Freund, ein treues Wesen hier begraben wurde; verging doch während dieser langen Wochen kein Tag, keine Stunde, die nicht ein neues Opfer gefordert hätte. Scheiden wir jedoch von diesem Trauerort, denn wir kommen nun zu den schweren, bangen Tagen.

Von Zeit zu Zeit gelang es einige Vorräte, ein wenig Vieh in die Stadt zu schaffen, und schamlose Spekulanten scheuten sich nicht, die unglückliche Lage der Einwohner zu benützen, um die Lebensmittel, die man Morgens, in aller Frühe, an den Toren kaufte, zu den übertriebensten Preisen anzuschlagen. Die Obrigkeit musste sich in die Sache mischen, um diesem schändlichen Schacher zu steuern, und der Maire erließ folgenden Beschluss, der dem Übel wenn nicht ganz, doch teilweise abhalf:

Mairie der Stadt Straßburg

Beschluss

„Wir Maire der Stadt Straßburg,
In Anbetracht des Belagerungszustandes;

In Anbetracht der Depesche, durch welche der Militärintendant die Obrigkeit benachrichtigt, dass Mäkler den Ackersleuten, welche Vieh in die Stadt bringen, entgegen gehen, ihnen dasselbe zu einem mäßigen Preise abkaufen, und es zu übertriebenen Preisen wieder verkaufen;

Erwägend, dass dieses Verfahren wahre Manöver begründet, die in gegenwärtigen Verhältnissen zum Ergebnis hätten einigen Mäklern das Monopol des Viehhandels in die Hände zu geben, und dass es der Verwaltung zusteht diesem Missbrauch ein Ende zu machen,

Beschließen:

Art. 1. Alles während der Dauer der Blockade in die Stadt gebrachte Vieh soll auf den öffentlichen Markt vor dem Schlachthaus geführt werden. Dieser Markt wird provisorisch jeden Tag von 8 Uhr Morgens bis 6 Uhr abends gehalten werden.
Es ist einem jeden ausdrücklich verboten, den Ackersleuten, welche Vieh in die Stadt bringen, entgegenzugehen in der Absicht, sie zu veranlassen, dass Vieh nicht auf den Markt zu führen, sondern es ihnen zu verkaufen, oder es nur zu einem gewissen Preis zu verkaufen.

Art. 2. Gegenwärtiger Beschluss wird dem Hrn. Divisionsgeneral Oberbefehlshaber zur Genehmigung vorgelegt werden.

Der Hr. Zentralkommissär ist mit der Vollziehung desselben beauftragt."

Straßburg, den 20. August 1870

Der Maire,
Humann

Gesehen und genehmigt,
Der Divisionsgeneral, Oberbefehlshaber, Uhrich

Einige Artilleriescharmützel bezeichneten diesen Tag. Das Feuer der Wälle zerstörte eine fliegende Batterie und suchte die Belagerer an ihren Arbeiten zu hindern. Die Artillerie der Festung war durch eine gewisse Anzahl Nationalgarden verstärkt worden, welche früher gedient und sich unter dem Kommando eines ehemaligen Kapitäns, Namens Hering, vereinigt hatten, um mit den Soldaten den Dienst auf den Wällen zu versehen.

Die Nacht war ruhig; bloß in der Ferne zwei oder drei Schüsse, wahrscheinlich irgendeiner Schildwache, die etwas Gefährliches gesehen zu haben glaubte. Gegen das Weißenturmtor zu war der Himmel feuerrot. Um die Zugänge der Stadt zu lichten, waren im Laufe des Tages mehrere Gebäude auf der Straße von Lingolsheim und der Zum Grünen Berg in Brand gesteckt worden, und der bei der Nacht wahrnehmbare rote Schein rührte von einem oder dem andern dieser Gebäude her, das noch brannte.

22. August

In der Nacht vom 21. August und am Tage des 22sten schwieg der Kanonendonner; bloß die Vorposten und die feindlichen Patrouillen wechselten einige Flintenschüsse. Aber gegen Abend bemächtigte sich eine furchtbare Aufregung der Bevölkerung. Man hatte nämlich erfahren, dass der Kommandant der Belagerungstruppen aufs Neue die Festung zur Übergabe aufgefordert, mit dem Bemerken, er sei bereit, die Stadt regelmäßig zu belagern und zu bombardieren. Diese Nachricht war zwar der Bevölkerung nicht mitgeteilt worden, aber sie wurde dennoch ruchbar und verbreitete sich wie ein Lauffeuer.

Viele Personen begaben sich abends in das Stadthaus, um etwas Näheres zu erfahren. Der Maire hatte mehreren Bürgern gesagt, sie könnten darauf zählen, dass die Nacht ruhig verlaufen würde; ein wenig später benachrichtigte er sie aber, dass im Gegenteil große Gefahren für die Nacht zu befürchten wären. Die Bürger, welche in das Stadthaus eilten, um zu fragen, was eigentlich vorgehe, trafen im Hof desselben Hrn. Baron Pron, Präfekten des Niederrheins, der ihre Fragen mit einem Witzwort beantwortete, das er vielleicht für sehr geistreich hielt, aber gerade nicht sehr passend war. Hr. Baron Pron war eben ein spaßiger Beamter.

Die Nacht verging ruhig; aber diese Ruhe flößte Befürchtungen ein. Es war die Stille, die dem Sturme vorangeht.

23. August

Am 23. August las man folgenden Maueranschlag:

6te Militärdivision

Bewohner Straßburgs!

„Die Stadt wird belagert und allen Gefahren des Krieges ausgesetzt werden.

Wir machen einen Aufruf an eure Vaterlandsliebe, eure Energie, zur Verteidigung der Hauptstadt des Elsasses, dieser äußersten Grenzwache Frankreichs.

Den vom Hrn. Maire bezeichneten Bürgern werden Waffen ausgeliefert, auf dass sie zum Schutze unserer Wälle mitwirken.

Mut, Freunde! Die Blicke des Vaterlandes sind auf Euch gerichtet."

Geschehen im Hauptquartier von Straßburg,
den 22. August 1870

Der Divisionsgeneral, Oberbefehlshaber,
Uhrich

Der Präfekt des Niederrheins,
Baron Pron

Der Maire von Straßburg,
Humann

Demnach war kein Zweifel mehr. Der feierliche Augenblick ist da, hatte der General gesagt. Und die angstvollen Tage, die man schon durchlebt, die Nächte vom 15ten und 18. August, die so viele Opfer gekostet und so viele Verheerungen angerichtet hatten, waren sie nicht auch feierlich? Standen also noch größere Gefahren bevor? War ärgeres Unglück zu befürchten? Ach! Die bisherigen Leiden waren nur ein Kinderspiel im Vergleich mit denen, welche unsere alte Stadt treffen sollten.

Man kommentierte ängstlich die Proklamation des Generals; jeder lief nach Hause, um seine Kostbarkeiten in Sicherheit zu bringen und seine Möbel, seine Papiere im Keller aufzuhäufen, wie auch sich in diesen unterirdischen Räumen eine Zufluchtstätte für die Nacht zu bereiten.

Plötzlich veränderte sich die trübe Gemütsstimmung und die traurige Miene der Leute in den Straßen wie durch Zauber verschwunden; die Gesichter erheiterten sich, man drückte sich herzlich und freudetrunken die Hände, man fiel einander fast um den Hals.

Was war denn Ursache dieses so raschen Umschwunges? Man hatte nämlich erfahren, dass eine der Straßburger Zeitungen, der „Impartial du Rhin", um Mittag ein Pariser Journal erhalten hätte, welches den Bericht eines großen Sieges der Franzosen und mehrere andere für Frankreich glückliche Nachrichten enthielt.

Seit dem 13. August wusste man in Straßburg durchaus nichts von den Vorgängen in Paris, und die letzten Nachrichten von der Armee von Metz waren vom 17. August. Die Freude, welche bei der Kunde der Erfolge der Franzosen ausbrach, war also sehr natürlich. Die völlige Absonderung von der Außenwelt wirkte beklemmend auf alle Gemüter und wenn der Schleier, welcher den Straßburgern den Gesichtskreis über ihre Mauern hinaus verhüllte, sich nur ein wenig lüftete, wenn nur der kleinste Lichtstrahl die Dunkelheit erhellte, erfasste eine unsägliche Empfindung alle Herzen, eine Empfindung, die man mitgefühlt haben muss, um sie zu begreifen.

Von Mund zu Mund gehend, hatten die Nachrichten, welche an diesem Tage in der Stadt angekommen waren, sich augenscheinlich vergrößert, und wahrlich hätte man sich mit Wenigerem begnügen und trösten können. Um 4 Uhr erschien der „Impartial du Rhin"; er hatte die Probeblätter seiner Zeitungsnummer einem Mitbruder, dem „Niederrheinischen Kurier", mitgeteilt und dieser veröffentlichte in aller Eile ein Extrablatt, so dass die ganze Stadt bald die Ereignisse kannte, welche das Pariser Blatt, wie ich glaube der „Moniteur du Soir", berichtete. Man schlug sich vor den Zeitungskiosken, und diejenigen, welche sich im Gedränge ein Exemplar des „Impartial" oder des „Kuriers" zu verschaffen vermochten, waren sogleich umringt von fünfzig, von hundert Personen, welche begehrten, dass man das interessante Blatt laut vorlesen sollte.

Man las also: Marschall Bazaine hat einen großen Sieg bei Metz davongetragen; die französischen Mitrailleusen haben den Feind niedergeschmettert; „von der prächtigen Armee des Prinzen Friedrich Karl bleiben nur noch einige Trümmer übrig;" die Berliner Börse um 2 Fr. gesunken; Preußen ruft alle Mannschaften seiner Festungen zu Hilfe.

In allen diesen für ganz Frankreich günstigen Nachrichten erblickten die Straßburger für sich besonders eine baldige Befreiung; die patriotischen Gefühle und das Gefühl der Selbsterhaltung gingen da Hand in Hand und waren gleichzeitig befriedigt. Man fragte sich nicht einmal, ob nicht eine oder die andere der erzählten Tatsachen falsch sein könnte - und Gott weiß, wie fern sie von der Wirklichkeit waren - man glaubte sich gerettet und vergaß die Gefahr; die Proklamation des Generals, die ankündigte, dass der feierliche Augenblick gekommen war, wurde nicht mehr beachtet.

Aber alsbald sollte dieses Gebäude voll Freude und Hoffnung über den Haufen geworfen werden durch die Unglücksfälle, welche die erste jener Schreckensnächte brachte, die Straßburg mit Angst und Entsetzen durchwachte.

Gegen 9 Uhr brachte ferner Kanonendonner die Bevölkerung in Aufregung. Die Beschießung, die der feindliche General angekündigt hatte, begann. Von diesem Augenblick bis zum folgenden Morgen um 8 Uhr, länger als elf Stunden, dauerte das Feuer des Feindes ununterbrochen fort. Es war ein fortwährendes Donnergerolle, schauerliches Pfeifen und Zischen in der Luft, hierauf Gekrache der einstürzenden Kamine und Mauern und von Zeit zu Zeit Jammer und Angstgeschrei.

Die Nacht war sehr düster; es regnete und auf den Wällen konnte man unmöglich die Position der feindlichen Batterien unterscheiden, welche, hinter einigen Gebäuden oder hinter den Erddämmen der Eisenbahn geschützt, feuerten, ohne dass man ihnen Schaden zufügen konnte.

Es ist unmöglich, die Verheerungen zu berichten, welche die vom Feind geschleuderten unzähligen Geschosse in dieser Nacht verursachten. Man müsste fast alle Straßen der Stadt und in gewissen Straßen fast alle Häuser anführen. Die Granaten kamen von allen Seiten und fielen auf die Kirchen, auf den Münster, die Lazarette, die Spitäler.

In der Steinstraße und Kronenburger Straße, in der Nationalvorstadt, in der Langstraße und den Nebengassen, auf dem Kleberplatz, in der Meisengasse, im Finckweiler, auf dem St. Thomas und dem Mühlenplatz, in der Schlossergasse und den benachbarten Gassen, auf dem Alten Fischmarkt, in der Schwestern und Bruderhofsgasse, auf den Staden, in der Rothhäusergasse, am St. Nikolausplatz, in der Neugasse am Fischerstaden und im Stadtteil des Arsenals wurden die Häuser von Granaten durchlöchert.

Sieben Geschosse fielen auf das Bürgerspital; zum Glück wurde niemand verwundet. Eine Granate schlug in das Große Seminar ein, welches ein Lazarett enthielt; mehrere Granaten trafen das kleine Seminar, wo man in aller Eile die Verwundeten, die daselbst verpflegt wurden, in die Keller brachte. Auch das protestantische Seminar, welches gleichfalls in ein Lazarett umgewandelt war, wurde beschädigt; im Lazarett der PetitesSoeurs, in der St. Louisgasse, tötete ein Geschoss einen verwundeten Zuaven. In der Nationalvorstadt wurden einer Frau die beiden Arme weggerissen; in der Feggasse einer Frau die Schulter zerschmettert, in der Rothhäusergasse zwei Kinder erschlagen.

Die Nikolauskaserne wurde stark beschädigt, das Dach des Arsenals zertrümmert, die St. Thomaskirche, die Münze, die Neukirche getroffen. In der Kinderspielgasse, bei einem Trödler, Namens Haberkorn, zündeten die Geschosse einen starken Brand an; ebenso beim Restaurateur Vasbender, am St. Nikolausplatz.

An mehreren Stellen zeigten sich Brandanfänge; im Knoderer'schen Hause, in der Spitzengasse, im Turm der St. Thomaskirche war Feuer ausgebrochen, aber die von den Bürgern organisierten Sicherheitsposten löschten dasselbe schleunig. Diese Posten wirkten übrigens in der ganzen Stadt mit bewundernswertem Eifer. Ohne Furcht vor der Gefahr durchzogen diese Freiwilligen die Straßen, und sobald ein Geschoss in ein Haus einschlug, eilten sie herbei, um Hilfe zu leisten.

Während die im Norden und Süden des Platzes errichteten Batterien die Stadt selbst beschossen, wurde die Zitadelle ihrerseits durch Batterien, die in Kehl, ganz nahe am Rhein, gebaut worden waren, bombardiert und mit Granaten überschüttet. Am folgenden Morgen brannte eines der Gebäude innerhalb der Mauern ab. Von diesem Tage an fiel sozusagen ein unaufhörlicher Granatenregen bis zum Ende der Belagerung auf die Zitadelle nieder. Die badische Artillerie feuerte Tag und Nacht aus 32 Kanonen und 8 Mörsern, durch starke Erdwerke und Schanzkörbe geschützt, gegen die unsere Kugeln ohnmächtig waren.

24. August

Vor dem Kronenburger Tor, an den Gebäuden der Eisenbahnrotonden, hatte der Feind Tags vorher Schanzen zu bauen versucht, und in einiger Entfernung davon waren Straßburger Arbeiter an den Vorwerken beschäftigt. Um diese Arbeiter zu beschützen und die Vollendung der feindlichen Arbeiten zu verhindern, hatte man eine Abteilung von zwanzig Grenzwächtern ausgeschickt, welche sich auf ein weiter rückwärts stehendes Piquet von etwa zwanzig Mobilgarden stützten.

Diese vierzig Männer wechselten während der ganzen Nacht Flintenschüsse mit den feindlichen Tirailleurs, welche sich in den Bodenvertiefungen oder im Graben der Eisenbahn verbargen. Obrist Blot, vom 87sten Linienregiment, der die Verteidigungsfront kommandierte, kam am Morgen vom 24sten, um die Grenzwächter am Werke zu sehen. Diese fuhren fort, kühn zu tiraillieren, als der Obrist ihnen plötzlich zurief: „Douaniers, vorwärts!“ Und die stürzten so ungestüm auf den Feind los, dass sie eine Gruppe Preußen abschnitten und umringten. Dank dem Beistand einiger Arbeiter der Festungswerke, welche sogleich herbeieilten, nahmen sie neun Soldaten vom 34sten Regiment Pommern, worunter zwei leicht verwundet waren, gefangen und führten dieselben in die Platzkommandantschaft.

Die Nacht vom 24sten war eine schauderhafte, eine angst und qualvolle für 80.000 Märtyrer. Welches Unglück! Welche Ruinen! Welche Trauer!

Das Bombardement begann gegen 8 Uhr und alle Feuerschlünde, welche der Feind rings um den Platz vereinigt hatte, schienen gleichzeitig ihren verderblichen Inhalt auszuspeien. Keinen Augenblick Rast, keinen Augenblick Stille! Es war ein höllischer Hagel von Granaten, welche wie Schlangen die Lüfte durchzischten und deren summende Splitter Grausen erregten. In den Kellern weinten und beteten die Frauen und Kinder; die Männer waren schweigsam, niedergeschlagen, und

Die Feuersbrunst in der Nacht vom 24. August 1870

nur die Pflicht, über ihre Familien zu wachen, der Wunsch, ihr Hab und Gut zu retten, verlieh ihnen neuen Mut. Die Kranken, die Verwundeten litten arg durch dieses furchtbare Getöse; man fragte sich, ob man nicht träumte unter dem beklemmenden Druck eines wuchtigen Alptraumes.

Sie hätten da sein sollen, alle jene, welche verkündeten, dass dieser Krieg notwendig wäre! Sie hätten sich inmitten dieser Gräuel befinden sollen, alle diejenigen, welche den Worten des Despoten zugejauchzt hatten, als er seine unheilvolle Herausforderung gegen Deutschland schleuderte! Diejenigen, welche „leichten Herzens", höhnisch lächelnd und die Hand auf die Hüfte gestemmt, sich gerühmt hatten, dass die alle Verantwortlichkeit des beginnenden Kampfes annähmen; diejenigen, welche von ihren Ehrgeiz zu befriedigen, um ihrer Gewinnsucht zu frönen, um eine Schande oder ein Verbrechen abzuwaschen, den Krieg von 1870 beschlossen oder gebilligt haben, sie alle hätten mit der Straßburger Bevölkerung leiden und darben sollen! Inmitten der Ruinen, der Flammen, der Toten und Sterbenden hätte ich sie sehen mögen, zitternd vor Schrekken und zur Strafe hätte man ihnen den Ruf erpressen sollen: Es lebe der Krieg!

Um 11 Uhr erschallten plötzlich zwischen dem Gekrache der Granaten Feuerrufe von den Wächtern des Münsterturmes. Es brennt in der Neukirche! Ein wenig später schrien sie: Feuer in der Münstergasse; eine halbe Stunde darauf: Feuer am Broglie! Feuer in der Meisengasse! Feuer auf dem Kleberplatz! Feuer am Finckmattstaden! Feuer in der Schildsgasse! Die ganze Nacht ertönte dieser entsetzliche Notschrei und ein ungeheuerer roter Widerschein beleuchtete schauerlich die ganze Stadt.

Wie viele Schätze ein Raub der Flammen! Das Gemäldemuseum, die Neukirche, die Stadtbibliothek, die schönsten Häuser der reichsten Stadtteile, fast ganze Straßen nur noch Ruinen, Schutthaufen!

Das Gemäldemuseum war erst seit kurzem im Gebäude der Aubette (Hauptwache) eingesetzt worden, ein großer Bau von Quadersteinen, welcher eine ganze Seite des Kleberplatzes einnahm. Im Bodengeschoss befand sich eine Wachtstube, eine Stallung für die Pferde der Garnison, das Büro des Polizeikommissärs des Nordkantons und der Saal des Stadtpolizeigerichtes; einer der Flügel enthielt die Büros der Stadtkommandantschaft; der angebaute erste Stock die Säle des Museums; der zweite Stock war von mehreren Mietleuten und von einer photographischen Werkstätte besetzt.

Die Gemäldesammlung war zwar keine sehr reiche, aber sie enthielt einige berühmte Gemälde. Werke von Corregio, Tintoret, Guide, Alexander Beronese, Schöngauer, Hans Hemling, Jakob Jordans, Philipp von Champaigne, Arnauld von Geldern, „der Streit in einer flämischen Kneipe“, ein kleines Meisterwerk von Adrian van Ostade; Gemälde von Claude le Lorrain, von Laurent de la Hire, Karl Le Brun, Jean Baptist Qudry, Brion; ferner Werke von Straßburger Malern: von Zix, Gimpel, Gabriel Guerin, Beyer, Lix, Schützenberger, Ehrmann, Holtzapffel, Theophil Schuler, Jundt; zwei Statuen von Ohnmacht, zwei Statuen von Graß, worunter ein prächtiger „Ikarus“; Zeichnungen, Kupferstiche und andere ähnliche Kunstwerke, alles dies wurde zu Asche verbrannt.

Die Bibliothek ... ein beklagenswerter, unersetzlicher Verlust für die ganze Welt! 2 bis 300.000 Bände, mehrere tausend Manuskripte, Urkunden und Inkunabel; ein Hortus deliciarum, von der Äbtissin Herrad von Landsberg, ein dicker Infolioband, gegen 1280 geschrieben, mit hübschen Miniaturen geschmückt, wahrhafte Schätze für die Geschichte der Verzierungs und Kostümierungskunst; eine Sammlung der Kirchengesetze, von Rachio, Bischof von Straßburg, Anno 788; eine Sammlung Gebete in Gold und Silberbuchstaben auf purpurrotem Velinpapier, vom achten Jahrhundert; ein Messbuch mit dem Wappen Ludwigs XII., vom Bischof Franz von Lyon, aus dem sechzehnten Jahrhundert; die Konstitutionen Straßburgs; die Akten des Prozesses Gutenbergs gegen die Erben seines Mitgenossen Dritzehn; eine Sammlung gallisch-römischer Altertümer, Waffen, Urnen, Särge; ein im Jahre 1574 verfertigter Reliefplan der Stadt und ihrer Festungswerke; der eherne Kessel, worin die Züricher im Jahre 1574 heißen Hirsebrei von Zürich nach Straßburg brachten; die während der Schreckensherrschaft auf dem Münster aufgesteckte rote Mütze; der Säbel Kleber's; die ganze Geschichte des Elsasses, Medaillen, Glasgemälde, Porträts, Sammlungen, wie es deren keine mehr auf Erden gibt und aus denen die Gelehrten Europas oft sich Rat holten…Von allen diesen Schätzen und Kleinodien bleibt ein wenig Asche und einige vom Winde zerstobene und geschwärzte Pergamentblätter.

Die Neukirche… das größte protestantische Gotteshaus, mit der berühmten Orgel von Andreas Silbermann, und eine der ältesten Kirchen der Stadt, welche im Jahre 1260 von den Dominikanern gebaut worden war, mit ihren schönen Leichendenkmalen, mit dem „Totentanz", ein merkwürdiges Freskogemälde, das einen Dominikaner auf der Kanzel und den Tod darstellte, wie er einen Papst und Kardinäle, einen Kaiser und eine Kaiserin, einen König und eine Königin, einen Bischof und Mönche an das Grab schleppt ...; die Neukirche brannte von oben bis unten aus und ist nur noch ein Steingerippe.

In der Münstergasse die schönen Häuser Sütterlin, Laroche und Flach; die Hälfte der Neukirchgasse; am Broglie das herrliche Scheidecker'sche Haus, das schönste der Stadt, welches den Zirkel der Aristokratie und prächtige Magazine enthielt, ganz von Quadersteinen gebaut, mit eleganten Altanen und mit geschmackvollen Bildhauereien verziert … alles dies Ruinen, Trümmer, ein Stein und Aschenhaufen zwischen wankenden Mauern!

Alle diese Gebäude waren fast in der nämlichen Stunde vom Feuer erfasst worden; eines steckte das andere an durch die Hitze seiner Glut und durch die daraus sprühenden Funken. Wie Hilfe leisten auf so verschiedenen Seiten? Man musste das Zerstörungswerk sich vollenden lassen, und die unglücklichen Bewohner der brennenden Häuser hatten kaum die Zeit, sich und ihre kostbarste Habe zu retten.

Aber die Beschießung dauerte fort und fort, die Granaten fielen zu hunderten auf die lodernden Gebäude, verwundeten oder töteten diejenigen, welche den Verwüstungen des Feuers Einhalt tun wollten,

Der Brand des evangelischen Gymnasiums
in der Nacht vom 24.8.1870

zündeten und zerschmetterten andere Bauten und platzten krachend inmitten des Knisterns und Prasselns der Flammen und des Einsturzes der Dächer und Mauern.

Auf der Straße Unglückliche, welche entflohen; Frauen, weinend und in Verzweiflung, mit Kindern in den Armen, wie wahnsinnig eine Zufluchtsstätte suchend; Greise und Kranke, die man mit Mühe fortschaffte; hier ein ächzender Verwundeter, dort ein Sterbender, röchelnd mit dem Tode ringend; an den Fenstern manchmal herzzerreißendes Geschrei, ängstliche und dringende Hilferufe; Getöse fallender Ziegel, zusammenstürzender Kamine, und plötzlich wieder ein neuer Feuerschein; ein anderes Haus brennt, die Flammen lodern von allen Seiten, die in die Keller geflüchteten Bewohner stürzen hastig aus ihrem Versteck, glücklich noch, wenn sie auf ihrer Flucht nicht getroffen werden durch ein Geschoss oder durch die Trümmer ihres einstürzenden Hauses!

Der Boden zitterte und bis zum Himmel stiegen die Staub und Rauchwolken, als die Aubette, die Neukirche, die Bibliothek und die anderen Gebäude nach einander zusammensanken...

Und doch hatte man gerufen: Vive la guerre!

25. August

Erst am folgenden Morgen konnte man das Unglück bemessen; den bereits genannten abgebrannten Häusern muss man das Haus Lichtenfelder beifügen, welches gänzlich zerstört wurde; das Haus Kampmann, in der Schildsgasse, dessen Dach verbrannte; eines der Gebäude des protestantischen Gymnasiums, durch den Brand der Neukirche angesteckt. Außer den Verwüstungen des Feuers, hatten die Geschosse überall Schaden angerichtet; die Mairie war durchlöchert, der Boden mit Trümmern, Ziegeln, Glas bedeckt - keine Straße war verschont geblieben.

Die Bevölkerung betrachtete diese Ruinen mit Entsetzen und stiller Wehmut; von Schmerz überwältigt, stürzte man fort wie von einem Grabe, um nicht zu ersticken vor tiefem Herzeleid. Aber die Trübsale waren noch nicht zu Ende.

Am Morgen vom 25sten brachen abermals Brände aus. Die Achträdermühle, in der Nationalvorstadt, am Wall, zunächst dem Tor, wurde durch Granaten angezündet. In dieser Mühle wurde das Getreide für die Besatzungsmannschaft gemahlen und sie war sehr fest gebaut; sie brannte bis auf den Boden ab, nebst drei benachbarten Häusern. Im Kagenecker Bruch wurden acht Häuser mit Scheunen und Stallungen, in der Mollgasse zwei Häuser der Raub der Flammen. Während des ganzen Tages verbreitete sich eine dichte Rauchwolke über die Stadt und drang ein brenzlicher Geruch in weite Ferne.

Unbeschreiblich ist die Aufregung, welche in Straßburg während dieses Tages herrschte; noch zwei oder drei Nächte, wie diese, und die Hälfte der Stadt wäre zerstört gewesen; man fragte sich, ob es kein Mittel gäbe, neue Katastrophen zu vermeiden. Es gab ein einziges, nämlich sich zu ergeben; aber niemand in der tapfern Stadt Straßburg wagte auch nur an dieses Mittel zu denken. Gruppen vereinigten sich auf dem Broglie, wie auf ein heimlich gegebenes Wort; Nationalgarden erklärten sich bereit, gegen die Belagerer zu marschieren und verlangten ihre Pistonflinten gegen Chassepots umzutauschen. Alsbald versammelte sich eine zahlreiche Menschenmenge vor der Mairie und vor dem Generalquartier, wohin mehrere Mitglieder des Munizipalrates und andere Bürger sich begeben hatten, um vom General Uhrich Aufschlüsse über die Lage zu verlangen. Man wollte wissen, ob die Garnison stark genug wäre, um die Belagerungstruppen zurückzuwerfen und fernzuhalten. Man wollte auch wissen, ob die Frauen, die Kinder und die Greise aus der Stadt treten dürften, falls das Bombardement fortdauern sollte.

Der General antwortete, er sei im Stande den Platz zu verteidigen und mehrere Monate zu halten; aber mit den ihm zur Verfügung stehenden wenigen Leuten sei es ihm unmöglich, einen ernsten Angriff gegen den Feind zu versuchen, dessen Übermacht den größten Teil seiner schwachen Mannschaft mit einem Schlag bewältigen könnte. Er wollte also seine Soldaten schonen und sich nicht der Gefahr aussetzen, seine Verteidigungsmittel zu schwächen. Ebenso wenig wollte er die Nationalgarde gefährden, deren Bewaffnung unzureichend war, deren mutvolle Haltung er aber belobte. Hr. Humann, damals Maire von Straßburg, teilte diese Erklärungen des Generals dem an der Vortreppe des Rathauses versammelten Volk mit und fügte hinzu, dass die Befreiung vielleicht näher bevorstünde, als man es dachte. Aber ach! Diese Befreiung war weder nahe noch fern, sie sollte niemals kommen!

Frankreich konnte der Stadt Straßburg keine Hilfe schicken; es hatte keine Waffen, keine Soldaten mehr; es war erschöpft. Man beschuldigte Frankreich und man sagte in Straßburg: „Das Land lässt uns im Stich; kennt es nicht die Kräfte, resp. Schwäche unserer Verteidigung? Die ungeheueren Feuersbrünste, deren Widerschein die Umgegend auf zehn Meilen in der Runde beleuchtete, waren sie nicht gleichsam verzweiflungsvolle Hilferufe? Warum antwortet man nicht unserem Notgeschrei?“ Armes Frankreich! Es war verraten durch diejenigen, welche es unterdrückt, geschwächt und verdorben hatten. Und sie, welche während langer Jahre das Land ausgebeutet und ausgesaugt hatten, sie sagten: „Wir fallen, aber auch Frankreich wird mit uns fallen!“ Sie allein sind die Schuldigen, Frankreich aber ist unschuldig.

Der Bischof des Sprengels unternahm es am 25. August, sich für die unglückliche Stadt zu verwenden. Um 3 Uhr nachmittags fuhr er aus der Stadt mit einem Parlamentär zum Hauptquartier der Belagerungsarmee, nach Holtzheim oder Mundolsheim, wo der Großherzog von Baden sich befinden sollte. Der Bischof kannte den Großherzog persönlich, und konnte sich überdies auf seine alte Freundschaft mit dem Vater dieses Fürsten berufen und daher auf eine gute Aufnahme hoffen. Er wollte erbitten, dass man das Bombardement gegen die Stadt selbst, gegen ihre harmlose Bevölkerung und deren Behausungen einstellen und die Feindseligkeiten nur gegen die Festungswerke, die Wälle, die Zitadelle und die Garnison richten möchte. Aber der würdige Prälat kam nur bis zu den feindlichen Vorposten, wo er benachrichtigt wurde, dass sein Schritt vergebens wäre, und er kehrte traurig in die Stadt zurück.

Auf die vom General Uhrich an den General von Werder, Oberbefehlshaber der Belagerungsarmee, gerichtete Frage, ob die Frauen, Kinder und Greise die Stadt verlassen dürften, hatte der preußische General geantwortet, die Frauen, Kinder und Greise seien im Element der Schwäche für die Stadt, folglich ein Element der Kraft für ihn, er könne daher diesem bedeutenden Vorteil nicht entsagen.

Das Bombardement war übrigens in den ersten Tagen fast ausschließlich gegen die eigentliche Stadt gerichtet, in der Hoffnung, dass die durch Angst und Schrecken niedergebeugte Bevölkerung einen schweren Druck auf die Militärbehörde ausüben und diesen zwingen würde, den Platz sofort zu übergeben. Zur Ehre Straßburgs wurde diese Berechnung vereitelt. Aber welches Unheil brachte noch diese Nacht vom 25. August! Schon um 7 Uhr Abends begann die Beschießung wieder mit der gleichen Wut wie Tags vorher. Furchtbares Gekrache der zerplatzenden Granaten, vermengt mit dem Donner der Wallkanonen, welche der feindlichen Artillerie antworteten.

Wie viele Millionen wieder verschlungen! Auf allen Seiten loderten die Flammen. In den Straßen das gleiche herzzerreißende Bild, wie am Abend vorher; fliehende Familien, einige in der Eile zusammengeraffte Habseligkeiten mit fortnehmend, und einen letzten wehmütigen Blick auf ihre brennenden Häuser zurückwerfend! Jammernde Kinder und Mütter; Tragbahren mit Verwundeten; da ein trostloser Vater neben der Bahre seines sterbenden Sohnes; dort kleine weinende Kinder, der Leiche ihrer Mutter folgend, welche getroffen wurde, als sie ihre Lieben retten wollte! Und die anderen kauerten angstvoll in den Kellern; jeder hatte einen Reisesack mit einigen Kleidungsstücken, ein Bündelchen bei der Hand, bereit dem Brand zu entfliehen, welcher jeden Augenblick über ihm ausbrechen konnte.

In der Meisengasse wurden fünf Häuser in Asche verwandelt: Drei in der Mitte der Straße, die beiden anderen gegen den Broglie zu. Das schöne Haus des Hrn. Benjamin Levy, am Eck des Broglie und der Studentengasse, und ein anderes brannten mit Stumpf und Stiel ab. Eine ganze Seite der Franziskanergasse, die Burggasse, der Schöpflinstaden, zwei Häuser der Bruderhofgasse, zwei Häuser des Münsterplatzes, fünf oder sechs der Nationalvorstadt, die Schule und das Pfarrhaus von St. Aurelien hatte das nämliche Schicksal. Aus hunderten von Fenstern loderten die Flammen hervor, erhoben sich in Feuersäulen über die zusammenstürzenden Dächer, ein ungeheueres Flammenmeer, und hie und da der Notschrei eines Unglücklichen, der ein wenig von seiner Habe zu retten suchte und keinen Ausgang mehr fand! Mauern und Dächer stürzten mit schauderhaftem Getöse in diese höllische Glut hinein und peitschten prasselnde Funkengarben auf, die der Wind zerstob und in weite Ferne trieb.

Gegen Mitternacht bot sich den Blicken ein schrecklich großartiges Schauspiel dar: Das ehrwürdige Münster, auf dessen Plattform, man unglücklicherweise einen Observationsposten aufgestellt hatte, wird von Granaten durchlöchert und das Dach des großes Schiffes vom Feuer verzehrt. Unbeschreiblich war der Anblick dieser von Flammen umgebenen unermesslichen Steinmasse, dieser prachtvollen, schlank emporstrebenden Turmspitze, welche sonst nur von Freudenfeuer stolz erstrahlte, und nun im grellen Widerschein einer ungeheueren Glut wehmütig gen Himmel ragte, wie eine schauerliche Trauerpyramide!

Welch erschütternde Szenen in dieser Nacht wieder! In der Nationalvorstadt flüchteten sich die Insassen der brennenden Häuser in das Wachthaus am Tor, aber da regneten die Granaten und die Unglücklichen mussten entfliehen: Die einen liefen längs des Walles hin, die anderen flüchteten sich in eine Kasematte, wieder andere unter eine Brücke. Die Mütter hatten ihre Kinder verloren, Familien vermissten verzweiflungsvoll manche der Ihrigen.

Aber eine wahrlich herzzerreißende Szene trug sich im Bürgerspital zu, auf welches gleichfalls Geschosse gefallen und dessen neu gebaute Kirche in Brand geraten war. Die Säle waren angefüllt mit Kranken, Gebrechlichen, Greisen, und jeden Augenblick platzten die Granaten neben ihnen. Welch ein Jammer unter diesen in Todesangst schwebenden Unglücklichen! Man kämpfte kräftig gegen das zerstörende Element und die Kirche allein brannte nieder. Auch der schöne Bahnhof war vom Feuer erfasst; die Gebäude der Zitadelle standen in Flammen; das Gymnasium brannte zum zweiten Mal: Überall Feuer, Zerstörung, Bestürzung!

Die Vorderseite der Mairie war verstümmelt; die mit Glas gedeckten Terrassen der beiden schönen Cafe's am Broglie gänzlich zerschlagen; die französische Bank und die in der Nähe befindlichen Häuser, die Präfektur, die Blauwolkengasse, die Judengasse, besonders das Haus Berger-Levrault, die schöne Brücke am Theater waren arg zugerichtet.

Das Münster hatte, außer dem durch den Brand zerstörten Dach des Schiffes, großen Schaden gelitten: Bildhauereien, Säulen, Statuen waren verstümmelt, die Orgel von einer Granate durchlöchert, die gemalten Fenster zertrümmert. Inner und außerhalb war der Boden mit Trümmern und Glasscherben bedeckt. Die astronomische Uhr, dieses Wunderwerk, war zum Glück nicht beschädigt.

Hunderte von Familien hatten in dieser Unglücksnacht ihre ganze Habe verloren und irrten obdachlos herum. Die Feder ist zu schwach um die vollständige Geschichte dieser namenlosen Drangsale zu beschreiben, und ganzer Bände bedürfte es, um die Qualen einer einzigen dieser Schreckensnächte zu erzählen.

26. August

Am Abend dieses Tages wäre die Bevölkerung beinahe närrisch vor Freude geworden. Dies Mal, hieß es, ist die Sache gewiss, kein Zweifel mehr; man hat sie oben vom Münster herab gesehen, sie angekündigt. Es sind wenigstens 40.000 Mann. Endlich sollte die Befreiungsstunde schlagen. Und - oh Macht der Einbildungskraft - man hört in der Ferne Kanonendonner. Die Belagerer sind handgemeng mit dem Entsatzkorps; der Kanonendonner rückt näher, der Feind wird gegen die Stadt getrieben und befindet sich zwischen zwei Feuern. Victoria! Wir sind gerettet!

Und man eilte freudestrahlend in die Gassen und einer drängte sich zum andern: „Wissen Sie schon die Neuigkeit? Ja. Ach es war Zeit! Ich habe immer gesagt, dass sie kommen würden." Und so ging es fort. Aber sie kamen wieder nicht, und die ganze glückliche Geschichte war weiter nichts als die Erfindung eines boshaften Spaßmachers.

Als die Nacht hereingebrochen war, musste man in den Umgegenden von Straßburg glauben, dass der Feind seinem seit einigen Tagen begonnenen Zerstörungswerk durch eine letzte Anstrengung die Krone aufsetze, denn die Stadt musste wie ein einziger Feuerherd, ein unermessliches Flammenmeer scheinen, in dem die Habe und das Leben von 80.000 menschlichen Geschöpfen untersanken.

Die schon so arg geprüfte Weißenturmstraße geriet erneut in Brand, und eine Seite derselben wurde zur Hälfte zerstört; von da teilte sich das Feuer den anstoßenden Gassen mit und der ganze Stadtteil stand bald in Flammen. Da wohnten die Ackergärtner, eine arbeitsame, wohltätige, nützliche Bevölkerung; jede Familie hatte ein Haus inne, das wie ein Bauernhof mit Stallungen, Scheune, Vieh und Hühnerhof und Garten versehen war. Die Kleine Renngasse, die Große Renngasse, die Seellosgasse und noch andere brannten in dieser einzigen Nacht ab.

Man suchte, wie immer, zu retten, was zu retten war; aber die Versuche waren meistens vergeblich und sogar gefährlich, denn die Geschosse fielen zu hunderten auf die brennenden Punkte der Stadt, und töteten, verwundeten, verstümmelten Unglückliche dutzendweise. Die von diesem ungeheueren Feuerherd ausströmende Hitze trocknete so zu sagen andere Gassen aus, so dass sie beim geringsten Funken Feuer fingen. Das Kagenecker Bruch, ein volkreicher Stadtteil, von Arbeiterfamilien bewohnt, wurde von den Flammen erfasst und beinahe ganz in einen Schutthaufen verwandelt. In der Steinstraße wurde gleichfalls eine lange Häuserreihe zerstört.

In der Thomannsgasse verschlingen die Flammen in wenigen Stunden eine Gruppe von ungefähr zwanzig Häusern, unter dem Namen Marbacherhof bekannt. Zweihundertfünfzig Personen verlieren da all ihre Habe und befinden sich ohne Obdach.

27. August

Die Unglücksfälle sind nicht mehr zählbar. Gegen Morgen fing der Gerichtspalast Feuer und bald stand das schöne Gebäude ganz in Flammen. Nichts, durchaus nichts konnte gerettet werden. Die Audienzsäle, die Zimmer des Gerichtspräsidenten und des Prokurators wurden zerstört.

Nicht ein Papier aus den Archiven, nicht ein Aktenstück entging der Wut des Feuers. Das nebenan befindliche Haus, worin sich das Töchterpensionat Fuchs befand, wurde auch ein Raub der Flammen. Den ganzen Tag setzte das Feuer sein Zerstörungswerk fort, jeden Augenblick ein neues Opfer fordernd, ganze Gassen, ganze Stadtteile verheerend.

Ein schönes Haus auf dem Broglie, neben dem schon verbrannten Scheidecker'schen, geriet im Laufe des Tages in Feuer und wurde in eine Ruine verwandelt. Der ganze Broglie, hauptsächlich die Mairie, das Finckweiler, die Gedeckten Brücken, die Vorstädte wurden ohne Aufhören bombardiert.

In der Nacht brach ein Brand in der Hahnengasse aus und zerstörte mehrere Gebäude; in der Weißenturmstraße, im Kagenecker Bruch brennt es noch immer, und ein Haus nach dem andern schwindet, von den Flammen verzehrt. Die Schildsgasse, der Thomasplatz, die Schlossergasse, die Langestraße, der Austerlitzer Platz, die Niklauskirche werden von zahlreichen Geschossen getroffen. Im Laufe des Tages wurde folgende Proklamation angeschlagen:

6te Militärdivision

„Bewohner Straßburgs!

„Seit drei Tagen wird die Stadt mit aller Macht bombardiert. Euer Heldenmut bewährte sich durch eure Geduld. Ihr leidet für Frankreich, und ganz Frankreich wird euch für eure Verluste entschädigen.

Im Namen der Regierung, die wir vertreten, gehen wir diese Verpflichtung ein."

Geschehen im Hauptquartier, den 25. August 1870,
um 1 Uhr Nachmittags

Der Maire von Straßburg, Humann

Der Präfekt des Niederrheins, Baron Pron

Der Divisionsgeneral, Oberbefehlshaber, Uhrich

Diese heldenmütige Geduld fehlte nicht und bedurfte nicht des Versprechens einer Entschädigung. Man kämpfte mit Mut, mit Selbstverleugnung; aber Herz und Geist musste gestählt sein, um sich inmitten so großer Schmerzen und Katastrophen der Entmutigung sich hinzugeben.

28. August

Ein Tag gleicht dem andern, und die Geschichte eines jeden könnte man in drei Worten zusammenfassen: Ruinen, Trauer, Schrecken. Das Bombardement hörte nicht auf und die Zahl der von den Geschossen Getroffenen mehrte sich mit jedem Augenblick. Die Präfektur, die Gedeckten Brücken, das Quartier Blanc, das Finckweiler wurden mit Geschossen überschüttet und zahlreiche Einwohner getötet oder verwundet.

Um halb 9 Uhr Abends vernahm man ein lebhaftes Gewehrfeuer beim Kronenburger und beim Spitaltore. Die Posten der Vorwerke wechselten Flintenschüsse mit starken feindlichen Abteilungen, die sich dem Platz genähert hatten.

Man hörte das Pfeifen der Kugeln in den Lüften, und zahlreiche preußische Kugeln, aus Wallflinten geschossen, flogen bis in die Mitte der Stadt und zerschlugen Ziegel auf den Dächern. Die Kanonen am Austerlitzer und dem Spitaltor hatten einen Augenblick ihren dröhnenden Donner mit dem Knallen des Gewehrfeuers vermischt, aber bald erfolgte Stille, und die Nacht verlief verhältnismäßig ruhig.

29. August

Die Zivilbehörde erkannte endlich, dass sie in dieser furchtbaren Krisis der Mitwirkung der Bürger bedürfe; dass sie an Stärke gewänne, wenn sie sich auf dieselben stützte und wenn sie mit ihnen die Verantwortlichkeit für die jeden Augenblick zu fassenden Entschließungen teilte.

Der Gemeinderat wurde auf 3 Uhr Nachmittags zusammenberufen.

Der Rat erklärte, die Anzahl seiner Mitglieder sei zu schwach, um den dringenden Bedürfnissen der Lage zu entsprechen, und es müsse eine zahlreichere Gemeindekommission ernannt werden, die sich mit den Interessen Straßburgs befassen würde.

Der Präfekt stimmte diesem Vorschlage bei und erließ nachstehenden Beschluss:

Präfektur des Niederrheins

Beschluss

„Wir Präfekt des Niederrheins,
In Anbetracht des Belagerungszustandes,
In Anbetracht unseres Beschlusses vom 16. August, durch welchen die Befugnisse des Gemeinderates der Stadt Straßburg verlängert worden sind;
Erwägend, dass eine gewisse Anzahl Mitglieder des Gemeinderates abwesend oder abgehalten sind; dass daher in Hinsicht auf die Bedenklichkeit der Umstände es wichtig ist, die Vertretung der Stadt neu zu organisieren;

Beschließen:

Art. 1. Der Gemeinderat ist aufgelöst.

Art. 2. Es ist während der Dauer der Belagerung eine Gemeindekommission eingesetzt, bestehend aus 47 Mitgliedern, um die Interessen der Stadt zu besorgen und zu verteidigen.

Art. 3. Sind als Mitglieder der Kommission ernannt:

Die Herren:

Börsch, Karl, Doktor der Medizin, ehemaliger Gemeinderat.
Burger, Johann, Bierbrauer (Stadt Paris).
Cailliot, Amadeus, Professor an der medizinischen Fakultät, ehemaliger Gemeinderat.
Cailliot, Réne, Eigentümer, id.
Clog, Eigentümer, id.
Destrais, Professor an der Rechtsfakultät, id.
Flach, Notar, id.
Gerard, Ehrenpräsident am Zivilgericht, id.
Görner, Bauunternehmer.
Grün, Karl, Kaufmann.
Hatt, Bierbrauer, ehemaliger Gemeinderat.
Hatt, Wilhelm, Eigentümer, ehem. Kommandant der Nationalgarde.
Henry, Sohn, Pastetenbäcker.
Hirtz, Professor an der medizinischen Fakultät, ehem. Gemeinderat.
Hörter, Holzhändler, id.
Huck, Holzhändler, id.
Humann, Theodor, Eigentümer, id.
Imlin, Eigentümer, id.
Kablé, Assecuranz-Direktor.
Kampmann, Fabrikant, ehemaliger Gemeinderat.
Klein, Apotheker.
Klose, Edmund, Bankier.
Kolb, Maschinenbauer.
Kratz, ehemaliger Notar, ehemaliger Gemeinderat.
Küß, Professor an der medizinischen Fakultät.
Lauth, Ernst, Bankier.
Lauth, Johann Jakob, ehemaliger Bierbrauer, ehem. Gemeinderat.

Lauer, Sohn, Bauunternehmer.
Lemaistre-Chabert, Eigentümer, ehemaliger Gemeinderat.
Leuret, ehemaliger Hauptarzt der Armeen.
Lichtenfelder, Sohn, Schlosser.
Lipp, Bierbrauer.
Mallarmé, Advokat, ehemaliger Gemeinderat.
Momy, Notar, id.
Oberlin, Professor der Pharmazieschule, id.
Petiti, Bauunternehmer, id.
Ruhlmann, Syndik der Ackergärtner.
Saglio, Alphons, Eigentümer.
Schott, Bierbrauer zur Kette.
Schmitt, Bäcker, Schiffleutstaden.
Schützenberger, Karl, Bierbrauer.
Sengenwald, Julius, Kaufmann, ehemaliger Gemeinderat.
Silbermann, Buchdruckereibesitzer, id.
Stähling, Kaufmann, id.
Stoltz, Professor an der medizinischen Fakultät, id.
Stromeyer, Kaufmann, id.
Wenger, Bauunternehmer, id.

Art. 4. Der Hr. Maire und die HHrn. Adjunkten verbleiben in ihren Ämtern.

Art. 5. Der Hr. Maire ist mit der Vollziehung des gegenwärtigen Beschlusses beauftragt."

Geschehen in Straßburg, den 29. August 1870

Der Präfekt des Niederrheins, A. Pron

Gesehen und genehmigt;
Der General, Oberbefehlshaber, Uhrich

Zu jeder anderen Zeit würde der Präfekt unter keiner Bedingung eine Liste gutgeheißen haben, auf welcher Namen von freisinnigen Männern, erklärten Gegnern der Regierung vom 2. Dezember standen, die bei jeder Gelegenheit offen ihre Sympathien für die Institutionen, um welche Frankreich die freien Länder beneidete, und ihren Hass gegen das kaiserliche Regiment bekundet hatten. Der Präfekt zeigte sich jedoch dieses Mal nachgiebig und unterzeichnete bereitwillig den Beschluss, der die Gemeindekommission mit der Überwachung der städtischen Interessen beauftragte.

Die Not war übrigens groß und das Verwaltungspersonal hätte unmöglich alle Dienste überwachen können, deren Einführung das stets wachsende Elend benötigte.

Hunderte von Familien waren obdachlos, aller Hilfsquellen beraubt, und die Privatmildtätigkeit konnte unmöglich allen diesen Bedürftigen beistehen. Zuvorderst musste Sorge für die Pflege der verwundeten Zivilpersonen getragen und Wohnungen für die Obdachlosen beschaffen werden.

Dies veranlasste folgende Bekanntmachungen der Militärbehörden:

6te Militärdivision

„Wegen der Lage besorgt, welche das Feuer des Feindes der Straßburger Bevölkerung bereitet, macht der Divisionsgeneral, Oberbefehlshaber, hiermit kund:

1) Dass Hilfsposten für die Verwundeten errichtet sind:

Im Militärspital;
Im kaiserlichen Schloss, am Münsterplatz;
Im Lyzeum;
Im Großen Seminar;
Im Kleinen Seminar;
Im protestantischen Seminar, am Thomasstaden;
Am Broglie, in der ehemaligen Gießerei.

Die deutschen Belagerungsbatterien von Wacken

Nachdem die Verwundeten an diesen Punkten die erste Hilfe erhalten, sollen sie in die zu ihrer Verpflegung bestimmten Anstalten gebracht werden.

2) Dass Obdach für die Abgebrannten längs der Wälle, vom Nationaltor bis zum Kronenburgertor, vom Kronenburgertor bis zum Steinstraßertor und am Fischertor für den Stadtteil St. Nikolaus gebaut werden.

Die Einwohner sind aufgefordert, zu diesen Arbeiten mitzuwirken, welche ganz und gar in ihrem Interesse ausgeführt werden."

Straßburg, den 27. August 1870

Der Divisionsgeneral, Oberbefehlshaber, Uhrich

Platzkommandantschaft von Straßburg

„Die Bevölkerung, welche in Folge der Brände keine Wohnungen mehr hat, ist eingeladen, sich schräglaufende, hölzerne Obdache auf dem Leinpfad des Stadtgrabens zu bauen."

Straßburg, den 28. August 1870.
Der Obrist, Platzkommandant, Ducasse.

Die armen Leute suchten nun Steine, Stroh und Bretter zusammen, und bauten sich damit notdürftig kleine Hütten am Rande des Wassers. Bald aber mussten neue Zufluchtsstätten geschaffen werden, denn die Brände mehrten sich von Tag zu Tag und vertrieben hunderte von Personen aus ihren Wohnungen.

Der Maire schuf Zufluchtsstätten in verschiedenen öffentlichen Gebäuden, die man in nachstehender Bekanntmachung aufgezeichnet findet:

Mairie der Stadt Straßburg

Bekanntmachung!

„Der Maire hat gestern durch Ausschellen seine Mitglieder benachrichtigen lassen, dass den obdachlosen Familien im Theater, den Gemeinde schulen, dem kaiserlichen Schlosse, in der Gedeckten Halle, im alten und neuen Zollgebäude, im Waisenhause Zufluchtsstätten eröffnet sind.

Den durch das Bombardement ruinierten Familien wird, durch die Fürsorge des Armenbüros, im St. Markusgässchen Brot verabreicht.

Eine Kommission wurde gebildet, welche Volksküchen errichten und Suppen an die Bedürftigen austeilen wird.

Eine spätere Bekanntmachung wird den Tag anzeigen an dem diese Kommission ihre Austeilungen beginnt.“

Straßburg, den 29. August 1870

Der Maire, Humann

Vom 29sten oder 30. August an wurde das Zentrum der Stadt weniger heftig bombardiert. Zwar flogen noch Geschosse in alle Gassen, aber nicht mehr in so großer Zahl wie während der ersten Nächte. Die Häuser in den Vorstädten und in der Nähe der Wälle hatten hingegen umso mehr zu leiden.

Mehrere Soldaten der Besatzung waren bei den Ausfällen getötet worden; als aber die regelmäßige Beschießung der Wälle begann, da gab es jeden Tag zahlreiche Opfer. Der Feind schleuderte seine Geschosse über die ganze Stadt hinweg, so dass die Soldaten auf den Wällen von hinten getroffen wurden.

Auf der ganzen Linie der Festungswerke war auch nicht eine gedeckte Batterie zu sehen, und jede Granate richtete Verheerungen an.

Von dieser Zeit an konnte man stündlich Tote und Verwundete auf Bahren durch die Gassen tragen sehen, und die Ambulanzwagen waren den ganzen Tag beschäftigt, Leichname in das Militärspital zu schaffen, wo oft deren dreißig oder vierzig übereinander lagen. Die tapfern Verteidiger Straßburgs bezogen mutig und ergeben ihre so gefährlichen Posten; keiner von ihnen wusste, ob er dieselben lebend wieder verlassen würde. Die aufziehenden und abziehenden Mannschaften drückten sich innig die Hände, ein letztes Lebewohl sich zurufend, und wenn man wohlbehalten wiederkehrte, umarmte man sich wie am Abend eines Schlachttages.

Über der Weißenturmstraße und dem Kagenecker Bruch war noch der Widerschein der Brände am Himmel sichtbar; er verschwand erst als das letzte Haus niedergebrannt war. In dieser Nacht fand auch ein Scharmützel zwischen den feindlichen und den französischen Vorposten statt; über eine Stunde lang vernahm man ein lebhaftes Gewehrfeuer und das Pfeifen der Kugeln.

30. August

Die den 29. August eingesetzte Gemeindekommission versammelte sich zum ersten Mal im Stadthaus und ernannte sogleich mehrere Ausschüsse, mit dem Auftrag, die verschiedenen Dienste zu organisieren, welche Hunderten von Unglücklichen Hilfe leisten sollten. In dieser nämlichen Sitzung las der Maire einen Brief des Hrn. Ch. Grün vor, worin dieser das zugedachte Amt ablehnte, weil nach seinen Begriffen und derjenige ein wahrer Vertreter der Gemeinde sein kann, dem die Bürger durch freie Wahl dieses Amt übertragen.

Hr. Grün wurde durch Hrn. Zopff ersetzt, eine Wahl, welche, wie die Folge zeigte, nicht zu bereuen war, denn während der ganzen schwierigen Zeit war Hr. Zopff einer der opferwilligsten, tätigsten und nützlichsten Mitglieder der Gemeindekommission.

In der Nacht vom 30. August rafften die feindlichen Geschosse viele Soldaten auf den Wällen hinweg. Die Artillerie besonders erlitt schwere Verluste, denn oft tötete oder verwundete eine platzende Granate die ganze Bedienungsmannschaft einer Kanone.

31. August

Die Beschießung der Wälle war noch heftiger als Tags zuvor, und die Militärgebäude wurden hartnäckig bombardiert. Für den Feind handelt es sich nun darum, die Lage der Besatzung durch ein gegen die Wälle gerichtetes unaufhörliches Feuer und durch die Zerstörung der Kasernen unerträglich zu machen.

Ein wahrer Granatenregen fiel auf die Batterien und brachte schreckliche Wirkungen hervor; die mit Kugeln gefüllten Granaten streckten viele Opfer nieder. Diese Geschosse wurden mit staunenswerter Präzision abgeschossen; sie zerplatzten gerade über den Kanonen und schleuderten hunderte von Kugeln in alle Richtungen, von denen jedes Mal wenigstens einige ihren Mann nicht verfehlten.

Unter der Zivilbevölkerung nahm die Zahl der vom feindlichen Feuer Getöteten oder Verwundeten auch mit jedem Tag zu, und schon waren ungefähr achtzig Personen durch das Bombardement getötet worden. In den Gassen, in den Häusern, in den verstecktesten Winkeln wurde man von Granaten und noch mehr von Granatensplittern getroffen, und die Wunden waren meistens tödlich. Die einen verloren die Beine, die anderen die Arme; mehreren Frauen wurde der Kopf weggerissen; Kinder zermalmt. Jeden Tag wurden die Wunden grässlicher und minderten die Hoffnung auf Rettung.

Unter der Brücke hinter dem Theater hatte eine ganze Familie, Vater, Mutter, Tochter und Sohn, Zuflucht gefunden; eine Granate traf den Sohn und riss ihn entzwei. Im Finckweiler fuhr eine Granate durch das Fenster eines zweiten Stockwerkes, und tötete die Frau samt dem Kinde, das sie auf dem Arm hielt; der Kopf des Kindes fiel zu Boden, während der Rumpf und die Beine zum Fenster hinausgeschleudert wurden!

Ähnliche schreckliche Unglücksfälle ereigneten sich noch viele; aber welche Feder vermochte so blutige Bilder ausführlich beschreiben!

Der Gemeindekommission, die jeden Tag zusammentrat, gesellten sich in der Sitzung vom 31. August neue Mitglieder bei, deren Namen hier folgen:

HHrn. Weyer, Sohn, Architekt.
Eissen, Sohn, Kaufmann.
Schneegans, August, Redakt. des „Niederrheinischen Kuriers“.
Füllhart, ehemaliger Bäcker.
André, Oscar, Kaufmann.
Kreitmann, Tapetenfabrikant.
Wolff, Anwalt.
Lips, Kaufmann.
Belley, Schneidermeister und Tuchhändler (nahm nicht an).
Bergmann, Karl.

Während der Dauer der Belagerung beriet die Gemeindekommission täglich über die Maßregeln, die zu ergreifen waren um der unglücklichen Bevölkerung beizustehen, um die Not der Stadt zu mildern, das eine oder das andere ihrer Interessen zu wahren, so viel wie möglich ihr Eigentum, ihre öffentlichen Gebäude vor der Zerstörung zu schützen. Dank der Gemeindekommission fanden Tausende Brot und obdachlose Menschen bald ein Unterkommen und Nahrung. Volksküchen wurden errichtet, wo gegen die Vorweisung eincs Scheins man satt zu essen bekam. Andere Anstalten wurden eröffnet, wo der Arbeiter, der nicht von Almosen leben wollte, für wenige Sous ein stärkendes Mahl sich verschaffen konnte. Subskriptionen, Gaben aller Art flossen diesen Volksküchen zu, deren den armen Klassen geleistete Dienste den wohlhabenden zu gut kamen. Denn was wäre geschehen, wenn man all diese Leute dem Elend überlassen hätte? Würden nicht manche um jeden Preis sich die Mittel verschafft haben, zu leben wie der begünstigte Teil der Bevölkerung? Wäre nicht einer jener Volksaufstände zu befürchten gewesen, deren Triebfeder die Verzweiflung ist? Und welches furchtbare Unglück wäre dann über Straßburg hereingebrochen!

Am Vorabend hatte auf dem Gutenbergplatz eine Kundgebung stattgefunden; aber was sie eigentlich bezweckte, wäre schwer zu bestimmen. Einige hundert Personen hatten sich versammelt; lebhafte Reden wurden gewechselt und zuletzt ertönte der Ruf: „Hoch die Republik!" Die Zusammenrottung zerstreute sich zwar von selbst, ohne Einschreiten der Polizei, aber immerhin war sie ein Zeichen, dass eine gewisse Aufregung unter der Bevölkerung herrsche. Die Abschließung der Stadt von der Außenwelt, die täglich sich erneuernden Schrecken, die Betrachtungen die jeder für sich selbst anstellte über den Ursprung aller Leiden, welche die Stadt und ihre Bewohner getroffen hatten, alles dies bewirkte in den Gemütern eine sehr natürliche Gärung. Die Vaterlandsliebe, die Geduld, die Ruhe des Elsässers gewannen jedoch die Oberhand über die schlimmen Gefühle, welche eine unerträgliche Lage erzeugen konnte.

Um der Wiederholung solcher Kundgebungen vorzubeugen, erließ General Uhrich folgenden Beschluss:

6te Militärdivision

Beschluss

„Wir Divisionsgeneral, Oberbefehlshaber,
In Anbetracht des Belagerungszustandes,
Auf den uns erstatteten Bericht, dass gestern auf dem Gutenbergplatz eine Versammlung von 300 Personen gehalten und ungesetzliche Anträge gestellt wurden,

Beschließen:

Art. 1. Alle Zusammenrottungen und öffentlichen Versammlungen sind verboten.
Art. 2. Die Zuwiderhandelnden werden den Kriegsgerichten überwiesen."

Geschehen im Hauptquartier, den 31. August 1870
Uhrich

Mehr aus Vernunftgründen und Klugheit als aus Furcht vor den Kriegsgerichten enthielt man sich von diesem Tage an jeder weiteren ähnlichen Kundgebung.

Während der ganzen Dauer der Belagerung mangelte es der Stadt nicht an Lebensmitteln, und man konnte getrost einige Monate Blokkade aushalten; gewisse Esswaren jedoch stiegen in einem sehr hohen Preise und waren bald nicht einmal um Geld zu bekommen. Die Charcutiersläden, mit wenigen Ausnahmen, waren gleich in der ersten Woche geschlossen. Die Bevölkerung hatte sie im buchstäblichen Sinne des Wortes gestürmt, als jeder sich beeilte, Vorräte anzuschaffen, und in wenigen Tagen waren sie geleert. Die Milch war auch äußerst selten geworden. Die wenigen Milchkühe, die in die Stadt geführt wurden, erhielten nicht ihr gewohntes reichliches Futter und gaben daher nur wenig Milch. Viele wurden auch geschlachtet und ihr Fleisch in den Metzigbänken feilgeboten. Der Milchmangel war besonders den Frauen sehr fühlbar, welche von Jugend auf gewöhnt waren, wenigstens einmal am Tag Milchkaffee zu trinken.

Ein noch fühlbarerer Mangel stellte sich für die Männer ein: Das Bier ging aus. Auf dieses so beliebte Getränk verzichten zu müssen, war eine harte Prüfung für die Straßburger, und ich hörte wie ein Biertrinker vollen Ernstes sagte: „Könnte man denn nicht vom General verlangen, dass er einen Ausfall nach Königshofen oder Schiltigheim mache, um uns Bier zu verschaffen?“

Hie und da wurde in einer oder der andern Brauerei frisch gebrautes Bier verzapft. Wie stritt man sich da um einen Schoppen dieses Lieblingsgetränkes, und wie trefflich mundete es, wenn man es auch unter anderen Verhältnissen sehr schlecht gefunden hätte? Wer wollte es wohl den Straßburgern verargen, dass sie bei so harter Not an das Bier dachten! In den mit lärmenden Gästen überfüllten Bierlokalen vergassen sie einen Augenblick die quälenden Sorgen, die Tag und Nacht sie drückten. Würde übrigens der Normann williger auf seinen schäumenden Cider, der Engländer auf seinen Whisky, der Belgier auf sein Faro, der Bayer auf das Münchner Bockbier verzichten?

Das Bombardement dauerte unablässig fort. Die Wälle wurden mit Geschossen überschüttet, und besonders die Nordseite der Stadt war der Zielpunkt der feindlichen Batterien geworden. Auf der Südseite war ein Angriff so gut wie unmöglich, denn das Wasser dehnte sich auf eine große Strecke vor den Mauern hinaus, und die auf dieser Seite errichteten Batterien mussten aufgegeben werden, da die Kanonen im Schlamm versanken und unbrauchbar wurden. Dank diesem Umstande blieb die Südseite der Stadt so ziemlich verschont.

1. September

Während die Feuerglut die Gassen Straßburgs verzehrte und die Bewohner aus ihren Wohnungen flüchteten, um sich vor den Flammen und den Geschossen zu retten, schlichen sich elende Diebe in die brennenden Häuser, um zu plündern. Sie zerschlugen die Schränke, durchstöberten jeden Winkel, stiegen in die Keller hinab, und gruben den Boden auf, nach den vergrabenen Kostbarkeiten spürend; erst wenn die Mauern den Einsturz drohten, retteten sie sich durch eine schleunige Flucht. Diese Elenden konnten ungestört ihr schändliches Treiben vollführen, denn von Polizei war keine Spur zu sehen. Die Soldaten genügten kaum für die Verteidigung der Wälle und konnten daher nicht wohl für die Überwachung der Stadt verwendet werden. Es war übrigens gefährlich, Patrouillen durch die beständig von Granaten durchfurchten Gassen ziehen zu lassen. Um diesen Diebereien ein Ende zu machen, erließ der General nachstehenden Beschluss:

6te Militärdivision

Beschluss

„Wir Divisionsgeneral, Oberbefehlshaber,
In Anbetracht des Belagerungszustandes,
Erwägend dass Übeltäter die vom Feind angezündeten Brände und das Unglück der Einwohner benutzen um zu stehlen und zu plündern,

Beschließen:

Wer auf frischer Tat beim Stehlen oder Plündern erwischt wird, verfällt den Militärgesetzen."

Geschehen im Hauptquartier zu Straßburg, den 1. September 1870
Uhrich

Trotz der Gefahr, durchzogen nun Patrouillen von Gendarmen, Infanteriesoldaten und Nationalgarden die Stadt bei Tag und bei Nacht, und die Diebstähle ereigneten sich seltener. Aber wie viele Personen, welche ihre kostbarste Habe an einem sichern Ort aufbewahrt glaubten, fanden den Platz leer und verloren somit das letzte Überbleibsel ihrer Habe.

Eine traurige Nachricht - freudige gab es ja sehr wenige - verbreitete sich am Morgen des 1. Septembers. Hr. Oberst Fievet, Kommandant des Pontonnierkorps, der, wie wir weiter oben berichteten, bei einem Ausfall verwundet wurde, dessen Wunden aber anfangs nicht gefährlich erschienen, war den Folgen derselben erlegen. Sein Tod erregte große Teilnahme, denn Oberst Fievet hatte während seines mehrjährigen Aufenthaltes in Straßburg sich zahlreiche, aufrichtige Freunde erworben.

Der Ausfallversuch der Franzosen am 2. September 1870

2. September

Am Vorabend hatte sich das Gerücht verbreitet, dass ein großer Ausfall gemacht werden sollte. Und in der Tat, gegen 4 Uhr morgens, vernahm man ein wohlgenährtes Gewehrfeuer, während zu gleicher Zeit die Kanonen der Wälle mit ungewöhnlicher Kraft donnerten. Truppenabteilungen waren aus verschiedenen Toren der Stadt gezogen, in der Absicht die Kanonen der zunächst liegenden feindlichen Batterien zu vernageln und die Arbeiten in der Nähe der Festungswerke zu zerstören. Die Artillerie des Platzes beschützte die Ausfallenden, die jedoch nicht bis zu den Batterien vorzudringen vermochten.

Der Feind aber erlitt beträchtliche Verluste, und dieser Tag war für ihn der unheilvollste der ganzen Belagerungszeit. Fünf Gefangene wurden in die Stadt gebracht, unter ihnen ein Lieutenant des 30sten preußischen Infanterieregiments, Bruno Versen, der verwundet worden war und den seine Soldaten im Stich hatten lassen müssen, um nicht sein Los zu teilen.

Die Personen, die sich ein Vergnügen daraus machen, falsche Gerüchte zu erfinden, benützten sogleich die Gefangennehmung dieser wenigen Soldaten, um Nachrichten zu verbreiten, welche sie aus dem Munde derselben gehört zu haben vorgaben.

Die Generale Failly und Douay hätten bei Toul einen Sieg davon getragen; Mac Mahon stehe an der Spitze von 100.000 Mann und das deutsche Heer sei geschlagen und in vollem Rückzug begriffen. Man ging so weit die Abschrift dieser Depesche mitzuteilen, welche ein französischer Arzt, dessen Namen man jedoch nicht angeben konnte, nach Straßburg geschickt hatte und welche diese Nachrichten bestätigte. Bis in acht Tagen wird Elsass vom Feinde befreit sein, hieß es weiter in dieser Depesche. Mit solchen lügenhaften Erfindungen suchte man eine allen Schrecknissen des Krieges preisgegebene Bevölkerung zu betören und noch dazu am Unglückstage von Sedan!

Bemerkenswert ist, dass gerade auch an diesem Tag das Gerücht sich verbreitete, Paris habe die Republik verkündet und Trochu und Jules Favre seien an der Spitze der Regierung. Damals war das Gerücht noch falsch, aber zwei Tage später wurde es Wahrheit.

3. September

Eine unerwartete Gunstbezeugung wurde an diesem Tage mehreren Straßburger Familien zu Teil. Ein unbekannter Freund hatte ihnen Geleitscheine geschickt, auf denen ein Ort des Niederrheins bezeichnet war, wohin sie sich zurückziehen konnten. Die Scheine trugen die Unterschrift des Generals von Werder; ein preußischer Parlamentär hatte sie überbracht und die Mairie dieselben an ihre Adresse abgeben lassen. Später erfuhr man, dass diese Geleitscheine auf Bitten angesehener Personen, namentlich Pfarrer in den vom Feind besetzten Dörfern, vom Kommandanten der Belagerungstruppen ausgefertigt worden waren. Einige benutzten dies angebotene Mittel und verließen die Stadt, andere hingegen weigerten sich Gebrauch davon zu machen und blieben um bis ans Ende mit ihren Mitbürgern die Gefahren zu teilen.

Unter den Personen, welche die Stadt verließen, befanden sich nicht bloß Greise, sondern auch Männer in der Blüte des Alters, nicht achtend der Stimme der Ehre, die ihnen gebot, an ihrem Posten auszuharren; Beamte, welche, jedes Pflichtgefühl erstickend, bleich und zitternd ihr teures Ich in Sicherheit zu bringen suchten. Zur Beschönigung ihres Betragens werden sie ohne Zweifel sagen, dass sie betagte Eltern, kranke Freunde zu begleiten hatten; dass sie die Schrecken des Bombardements nicht hätten aushalten können und gestorben wären. Es sei, sie haben mit ihrem Gewissen abzurechnen. Die wahren Bürger haben ihre greisen Eltern der Obhut der Vorsehung, ihre kranken Freunde den Ärzten anvertraut, und ihre Gefühle und Befürchtungen beherrschend, gesagt: „Wir bleiben!“

Das Bombardement dauerte ununterbrochen fort. Die feindlichen Batterien hatten Befehl, keinen Augenblick mit ihrem Feuer inne zu halten. In den Vorstädten regnete es Kugeln, und in der Steinstraße war keines Bleibens mehr. Jede Nacht röteten Brände den Himmel und vernahm man von den Festungswerken her Gewehrfeuer und Kanonendonner.

Am Abend des 3. September mischte sich aber in die Donnerstimme der Artillerie eine andere, nicht minder mächtige Stimme:

Ein furchtbares Gewitter brach aus, und während einer Stunde rollte der Donner unablässig. Die Blitze mengten sich mit dem aufleuchtenden Schein der abgefeuerten Geschütze, und der betäubende Lärm der beiden schrecklichsten Kräfte der Welt, des Pulvers und der Elektrizität, übten eine unbeschreibliche, beinahe unheimliche Wirkung aus.

Noch ein Wort von der Straßburger Bibliothek. Man hatte an diesem Tage den durch den Einsturz der Mauer erzeugten Schutt weggeräumt und darin ein Stück von der Säbelscheide Klebers gefunden, die zu den historischen Sammlungen aus den Zeiten der Republik gehörte. Dies Stück und einige kleine Medaillen waren ungefähr alles, was man von all den verbrannten Schätzen wiederfand.

Durch die ständige Beschießung der Zitadelle lag hier nun alles in Trümmern

4. September

Die Beschießung - es ist fast überflüssig dies zu wiederholen - dauert rastlos fort, die Stadtteile des Broglie, der Judengasse werden am Vormittag des 4ten mit Geschossen überhäuft; gegen Abend treffen zwei Granaten die Krone des Münsters und reißen Steinblöcke weg, die auf unglaubliche Entfernungen geschleudert werden. Die Zitadelle wird fortwährend gewaltig beschossen, und die Opfer daselbst sind zahlreich. An diesem Tag fiel eine Bombe in die Küche des Militärgefängnisses, erschlug zwei Mann und zertrümmerte einen Topf mit siedendem Wasser, welches einen dritten Soldaten arg verbrühte.

Man konnte unmöglich über die zur Zitadelle führende Esplanade gehen, ohne sein Leben zu wagen. Die Soldaten, welche auf die Wache zogen oder an die Arbeit gingen oder im Hof des Arsenals arbeiteten, wurden jeden Augenblick getroffen, und die Mobilgarde, welche größtenteils die Besatzung der Zitadelle bildete, wurde in den letzten Wochen der Belagerung grausam gelichtet.

Am 4ten wurde ein Unteroffizier der Artillerie der Mobilgarde, Julius Kolb, auf der Esplanade durch einen Granatensplitter tödlich getroffen. Dies war ein wackerer und mutvoller junger Mann, welcher im Jahre 1869 seine Eltern in einem Brand aus Todesgefahr gerettet hatte. Der arme Kolb war ein Straßburger Kind, und sein Tod erregte allgemeines Bedauern. Offiziere, Unteroffiziere, Mitglieder des Turnvereines „La Fraternelle", dessen Präsident er gewesen war, geleiteten ihn zu Grab.

Ein anderer tapferer Verteidiger der Stadt, der PontonniersLieutenant Nicolas, unterlag am gleichen Tag seinen Verletzungen. Er wurde getroffen im Augenblick als, inmitten einer furchtbaren Kanonade, er eines der Geschütze der unter seinen Befehlen gestandenen Batterie zum dritten Mal richtete.

Welches auch das Schicksal Straßburgs sei, es sollte allen denjenigen ein Denkmal errichten, welche für es in diesem denkwürdigen Kampf gefallen sind. Die Erinnerung dieser heldenmütigen Verteidigung wird der Stadt einen Ruhm erwerben, welcher noch glänzen wird, wenn die Namen derjenigen, die ihr zu diesem Ruhme verholfen haben, vielleicht vergessen sein werden. Man sollte diese Namen in Marmor eingraben und so verewigen!

5. September

Wieder ein gar trauriger Tag! Fast keine Stunde ohne Katastrophe!

Am Morgen wurden zwei Einwohner in einem der letzten vom Feuer noch verschonten Häuser des Kagenecker Bruches tödlich getroffen; Kinder wurden erschlagen, Frauen verwundet. Zwei Zöglinge der militärärztlichen Schule, welche beschäftigt waren einen Verwundeten im Wachthause der Steinstraße zu verbinden, wurden von den Splittern einer Bombe niedergeschmettert, alle Männer des Postens blessiert, und der früher schon verwundete Soldat getötet.

Einer dieser wackeren Jünglinge, Namens Lacour, war der Sohn eines der bedeutendsten Fabrikanten von Markirch; ein Schenkel war ihm weggerissen und er verblutete, während man ihn in das Spital trug. Sein Gefährte, Cambier, Sohn eines pensionierten Artilleriekommandanten in Mont-de-Marsan, teilte das Schicksal seines unglücklichen Freundes, und verschied um 5 Uhr Abends. Er war 20 Jahre alt! Man hatte einige Hoffnung gehabt, ihn zu retten, und ihm die Nachricht gebracht, dass er zum Militärarzt ernannt und für das Ehrenkreuz vorgeschlagen worden.

Eine unsägliche Freude erfasste den armen Verwundeten; er bemeisterte seinen Schmerz und lächelte; er dachte vielleicht an seinen greisen Vater, welcher in weiter Ferne seines in Gefahr schwebenden Kindes sorgenvoll gedachte. Dieser Sohn, Ritter der Ehrenlegion im 20. Jahre! Das konnte wohl den alten Krieger wahnsinnig machen vor Freude! Vielleicht ist er heute wahnsinnig vor Schmerz!

Gegen Abend ein anderes Unglück. Eine Granate schlägt in ein Haus am Gutenbergplatz ein; man eilt auf den Speicher um einen etwaigen Brand zu löschen; im gleichen Augenblick kommt eine zweite Granate, zerplatzt und streckt fünf Opfer nieder; darunter ein Familienvater, ein ehrenwerter Kaufmann, der in der Nacht stirbt, beweint von einer trostlosen Witwe und vier Waisen.

Unweit dieser Unglücksstätte, an der Gewerbslaube, läuft ein kleines Mädchen frohen Mutes auf dem Trottoir, da faust eine Sprengkugel heran und zerschlitzt das arme Kind.

Eine Granate war in den Hof der Pontonnierskaserne am Judentor gefallen ohne zu zerplatzen. Einige Soldaten ergreifen sie und wollen sie entleeren. Einer derselben unternimmt dieses gefährliche Wagnis, die anderen schauen neugierig zu. Da zerspringt plötzlich die tückische Granate: Zwei Militärs werden erschlagen, sechs andere schwer verwundet, und sind verstümmelt oder entstellt ihr Leben lang.

Und dieses sind bei weitem noch nicht alle Unglücksfälle dieses Tages, an dem man die Verwundeten zu Dutzenden zählte. Gegen Ende September lagen im Amphitheater des Spitals zwanzig Leichen.

Wahrlich! Der General Uhrich hatte Recht, als er zu den Straßburgern sagte: Euer Heldenmut ist die Geduld! Man geduldete sich immer und man tröstete sich mit der Hoffnung. Dieser Zustand, sagte man, kann doch nicht lange mehr fortdauern; der Krieg muss bald enden; morgen vielleicht werden wir befreit! Und der morgende Tag kam, aber die Erlösung nicht. So harrte man sechs Wochen lang. Hatten die Pariser nicht oft gesagt, die Elsässer seien eigensinnige Starrköpfe?

Ja, in der Tat, sie waren eigensinnig und halsstarrig, die armen Elsässer, aber diese Fehler waren in ihrer hilflosen Lage Tugenden und Edelmut. Weder bei Tag noch bei Nacht, weder zu Hause noch auf der Straße war man sicher die kommende Stunde zu erleben, die Seinigen oder seine Freunde wieder zu sehen; jeden Augenblick musste man befürchten, verstümmelt oder ruiniert zu werden, nur Elend, Trauer, Verzweiflung rings um sich zu sehen, in einem undurchdringlichen Reif von Eisen und Feuer eingezwängt und rettungslos verloren zu sein; und doch ertrug man alle diese Martern mit Mut und Ergebung, und gab sich das Wort bis ans Ende auszuhalten.

Seit dem Morgen unterhielt man sich von allerlei Gerüchten über militärische und politische Ereignisse, die sich in den letzten Tagen vollbracht hätten. Es war gewiss, dass ein von den Straßburger Behörden ausgeschickter Bote am Abend vorher von Kolmar oder Schlettstadt in Straßburg angekommen war, durch das Wasser an den Gedeckten Brücken hindurch und tausenderlei Gefahren trotzend; er hatte sich sogleich in die Präfektur begeben. Alsbald verbreitete sich abermals das Gerücht von einer Revolution in Paris. Man bestürmte den Boten mit Fragen, aber er gab nur dunkle und unbestimmte Antworten: In Kolmar, sagte er, wären Zeitungen verboten, und er hierauf ermächtigt worden, wieder zu erscheinen; er schwatzte noch vielerlei, aber schließlich wusste man nicht mehr wie vorher.

Aber die Administration musste augenscheinlich doch etwas wissen, meinte die Bevölkerung, und sie erzürnte sich, dass man ihr gar keine Nachricht mitteilte. Tags darauf entstand hierüber eine lebhafte Debatte in der Munizipalkommission, deren Mitglieder den Maire aufforderten den Präfekten zu ersuchen, dass er offenbaren möge, was er sicherlich wissen müsste.

Hier ist, zufolge des Sitzungsprotokolls, der Bericht dieses Zwischenfalles:

Hr. Schneegans verlangt, eine Frage zu stellen.
„Ich weiß, sagt er, dass gestern jemand von Kolmar gekommen ist und mehrere an Privatleute adressierte Briefe überbracht hat; es ist nicht annehmbar, dass die Administration keine Depeschen erhalten habe. Die Kommission beschäftigt sich allerdings mit wichtigen Fragen: Aber es gibt eine, welche alle anderen übertrifft: welches ist die Lage unserer Armee? Welches ist die politische Lage? Gerüchte verschiedener Art sind hierüber im Umlauf, es ist materiell unmöglich, dass der Präfekt keine Depesche habe.

Wir verlangen vom Hrn. Maire, bei diesem Beamten dahin zu wirken, dass er die ihm zugekommenen Nachrichten mitteile. Wir haben das Gefühl der Verantwortlichkeit, welche auf uns lastet, aber damit wir im Stande seien, dieselbe ganz und gar zu tragen, ist es durchaus notwendig, dass man uns Aufschlüsse gebe.“

„Ich habe Ihnen," antwortet der Hr. Maire, „den Brief mitgeteilt, durch welchen der Hr. Präfekt verspricht, alle Nachrichten, günstige oder ungünstige, die ihm zukommen werden, uns kund zu machen: Ich habe mich soeben bei ihm erkundigt; er hat mir erklärt, dass er bis jetzt uns nichts mitzuteilen habe."

„Würden Sie einen Übelstand darin sehen," fragt Hr. Imlin, „wenn die Kommission sich in Corpore zum Hrn. Präfekten begäbe?"

„Ich habe nichts dagegen," antwortet der Hr. Maire, „aber wozu würde dieser Schritt führen in Anbetracht der ausdrücklichen Erklärungen, welche der Hr. Präfekt uns gegeben hat?"

„Hr. Börsch ist überzeugt, dass das soeben an den Hrn. Maire gestellte Begehren nur ein getreues Echo der öffentlichen Meinung ist. Die Lage Straßburgs ist höchst peinlich; es sind nun drei Wochen, dass die Stadt die schmerzliche Prüfung einer grausamen Beschießung erleidet; die Bevölkerung ist mutig und ergeben; aber die Oberverwaltung muss aus ihrem bisherigen hartnäckigen Stillschweigen treten. Auch möchte Hr. Börsch, dass die Kommission durch ein ausdrückliches Votum dem Hrn. Maire den Auftrag erteile, sich im Namen der Kommission und der Bevölkerung zum Hrn. Präfekten zu begeben, um von ihm Mitteilung der Depeschen in Betreff der Lage zu erhalten, wovon die Kommission bei Eröffnung jeder Sitzung in Kenntnis gesetzt werden soll."

„Der Hr. Maire antwortet, dass er schon diesen Auftrag erhalten und sich desselben mehrmals entledigt hat, aber ohne Resultat; er weigere sich nicht seine Schritte zu erneuern, aber unter der Bedingung, dass diesmal einige Mitglieder der Munizipalkommission ihn begleiten."

„Nach einer Erörterung, an welcher die HHrn. Schneegans, Mallarmé und Saglio teilnehmen, beschließt die Kommission, dass eine Deputation ernannt werden soll, um den Hrn. Maire zum Hrn. Präfekten zu begleiten. Sie beauftragt hiermit die HHrn. Börsch, Küß, Clog, Lauth und Saglio."

Die Deputation begab sich also zum Präfekten, welcher auf Ehrenwort erklärte, dass er durchaus nichts wüsste. In der folgenden Sitzung der Munizipalkommission wurde von diesem Schritt nachstehender Bericht erstattet: „Der Hr. Maire, heißt es im Sitzungsprotokoll, bittet Hrn. Börsch, sich gefälligst zum Organ der Deputation zu machen, welche sich zum Hrn. Präfekten begeben hat, um im Namen der Kommission Mitteilung von den Nachrichten aus dem Inneren Frankreichs zu verlangen."

„Das Ergebnis unserer Unterredung mit dem Hrn. Präfekten, sagt Hr. Börsch, lässt sich in zwei Worten zusammenfassen: Der Hr. Präfekt hat auf Ehre erklärt, dass er seit dem 29.August nichts erfahren und daher uns in Bezug auf die Ereignisse, die seitdem sich zutragen konnten, nichts mitzuteilen habe."

„Der Hr. Präfekt, bemerkt der Hr. Maire, fügte hinzu, er werde, um dem von der Munizipalkommission ausgedrückten Wunsch zu entsprechen, mir persönlich schreiben, um mir zu melden, ob er Nachrichten, welche die Bevölkerung interessieren können, erhalten hat oder nicht."

„Man ist berechtigt, sich zu fragen, sagt Hr. Schneegans, wie die Regierung Straßburg ohne Hilfe und ohne Nachrichten lassen kann; die Bevölkerung unserer Stadt zeigt fortwährend eine große Energie; die Regierung aber soll sie unterstützen, und die Regierung hat sie von vornherein im Stich gelassen. Wenn Straßburg in die Hände des Feindes fallen sollte, wäre nicht die Stadt, sondern der Kaiser und die Regierung hierfür zur Verantwortung zu ziehen."

„Hr. Börsch hält darauf, der Kommission wissen zu lassen, dass die Sprache, welche die Deputation beim Hrn. Präfekten geführt, durch die nämlichen Reflexionen eingegeben wurde. Es ist nicht zulässig, haben wir gesagt, dass eine Regierung, welche die kritische Lage kennt, worin durch ihre Schuld die Hauptstadt des Elsasses sich befindet, nicht das Unmögliche versucht habe, um der Bevölkerung wenigstens einige Nachrichten, ein Wort der Aufmunterung und der Stärkung zukommen zu lassen."

Der Präfekt hatte also geschworen, dass er nichts wusste, und man war gezwungen zu warten bis er etwas sagen könnte oder wollte.

6. September

Die Steinstraße und die benachbarten Gassen waren während der ganzen Nacht bombardiert worden, und am Morgen wurde die Finckmattkaserne in der Wassersuppgasse, parallel mit dem faubourg de Pierres (Steinstraße), in Brand gesteckt. Diese war eine große und schöne Kaserne, welche von 1746 bis 1756 gebaut wurde, und zu deren Bau die Stadt dem Staate einen Beitrag von 760.000 Livres geliefert hatte. Die Flammen wurden kräftig bekämpft, aber man musste alsbald auf Rettung verzichten. Die Feuersbrunst griff rasch um sich und der Granatenhagel, welcher in die Glut fiel, machte zu viel Lücken unter den Arbeitenden, als dass weitere Anstrengungen und ein längerer Widerstand möglich gewesen wären.

Im Hof dieser Kaserne wurde Louis Bonaparte, der spätere Held des 2. Dezembers, am 30. Oktober 1836 von einem Tambour Major gepackt; somit war sein erster Staatsstreich und der erste Raubflug (mit dem Doppelsinn „Flug“ und „Raub“) des kaiserlichen Adlerleins niedergeschlagen.

Die Wassersuppgasse wurde gleichfalls vom Feuer schrecklich verwüstet.

Die Steinstraße, welche seit einigen Jahren völlig umgewandelt worden und von schönen Neubauten besetzt war, hatte ebenfalls gegen die Wassersuppgasse hin Feuer gefangen und mehrere Häuser brannten nieder. Von diesem Tag bis zum Ende der Belagerung sollten die Flammen in dieser unglücklichen Vorstadt nicht mehr erlöschen; ein Haus nach dem anderen wurde in Asche gelegt, und von dieser schönen Straße bleiben noch einige stark beschädigte und verunstaltete Behausungen.

7. September

Geschosse auf Geschosse verheerten den Broglie und die Mairie. Die Munizipalkommission musste darauf verzichten, sich im Rathhaus zu versammeln, wo sie mehrmals großen Gefahren ausgesetzt war, und sie flüchtete sich in das Handelshotel.

Die Austerlitzer und die St. Nikolauskaserne wurden seit einigen Tagen von mehreren Batterien beschossen. Am 7. September fielen zwei Granaten in den Krankensaal der Nikolauskaserne, wo sie Soldaten töteten und verwundeten.

Die Schrapnell oder mit Kugeln gefüllten Granaten regneten auf die Stadt und die Wälle und rafften mehr und mehr Opfer hin. Ein 72jähriger Greis, Hr. Pelissier, Bruder des Marschalls, wurde in seinem Zimmer im zweiten Stock des Neuweilerhofes, am Alten Weinmarkt, tödlich getroffen. Arbeiter, die noch an den Verteidigungswerken beschäftigt waren; Kinder, die in Schutthaufen Granatensplitter aufsuchten, um sie an Alteisenhändler zu verkaufen; Frauen fielen an diesem Tag, um nicht wieder aufzustehen.

8. September

Die Nacht war sehr stürmisch; die Zitadelle wurde mit doppelter Kraft beschossen; in der Stadt folgten Granaten und Brandraketen ununterbrochen aufeinander. Zwischen der Kronenburgerstraße und der Nationalvorstadt hatte das Feuer vier Häuser verzehrt; dies war beinahe alles, was in diesem Stadtteil stehen geblieben ist. Auch außerhalb der Stadt, am Grünen Berg, brannte eine große Gerberei, welche die Wallkanonen angezündet hatte, damit der Feind hier keine Batterie errichten konnte.

Dieser Tag war wieder unheilvoll für die tapfern Verteidiger Straßburgs. Mobilgarden und Infanteriesoldaten wurden verwundet oder erschlagen; einen Mariner wurde der Schenkel durch einen Splitter zerschmettert. Diese sechzig Marinesoldaten, mit ihren Oberen, dem Contreadmiral Exelmans und dem Kapitän DupetitThouars, zeichneten sich unter den Tapfersten der Besatzungsmannschaft aus: Geschickte Pointeurs, mutvolle und entschlossene Männer, leisteten sie große Dienste auf den Wällen und bei den Ausfällen, wo sie immer vorn dran waren.

Um neun Uhr abends fiel eine Bombe auf eine Bastei und verursachte ein entsetzliches Unglück. Der Pontonnierskapitän Epp, ein Straßburger Kind, wurde von einem Splitter erschlagen, und sämtliche Unteroffiziere und Soldaten, die ihn umgaben, fielen mit ihm. Neun Opfer mit einem einzigen Schlag! Der Kapitän Epp war ein sehr gebildeter und fähiger, von seinen Soldaten verehrter Offizier, und sein Tod verursachte allgemeines tiefes Beileid.

Auf einem der Werke am Tor der Steinstraße wurden andere Artilleristen getroffen; der Pontonnierskapitän Denos, mit der Verteidigung eines Teiles dieser Werke beauftragt, sah fast alle seine Leute rings um sich fallen; dieser tapfere Offizier wurde nicht im Geringsten verletzt, und er schleppte selbst die Verwundeten in die Kasematte, wo die Munitionen untergebracht waren. Eines Tages kam eine Bombe mit brennender Lunte und drohte in einer Sekunde zu zerplatzen. Einer der Artilleristen des Kapitäns Denos sah die Gefahr, stürzte sich auf die Bombe, ergriff sie und schleuderte sie in den mit Wasser gefüllten Graben, indem er ausrief: „Du! Du wirst mich nicht umbringen!"

Sie haben tapfer ihre Pflicht getan, die Artilleristen und die Pontonniers, welche die Wälle Straßburgs verteidigten. Sie waren sämtlich entschlossen zu sterben, denn jeden Tag sahen sie ihre Reihen sich lichten; Offiziere und Soldaten fielen wie gemäht durch die Granaten; aber sie gingen unerschrocken an ihren Posten, bereit ihr Leben zu opfern. In der Pontonnierskaserne verteilten diejenigen, die auf die Wälle gingen, an ihre zurückbleibenden Kameraden ihre kleinen Habseligkeiten. Einer sagte: „Wenn ich nicht mehr zurück komme, nimm mein Messer!" Ein anderer: „Ich schenke Dir meine Pfeife;" ein Dritter: „Dir vermache ich meinen Geldbeutel, mein Vermögen, den Sold einer ganzen Woche!" Und halb lachend, halb ernst machten sie so ihr kleines Testament; da rief der Offizier: „Macht Euch fertig!" Und man ging zu den Kanonen.

Wenn sie Tags darauf vom Posten zurückkamen, trug einer von ihnen drei, vier oder fünf Musketen und Säbel, Kapotröcke und Patronentaschen; dies bedeutete, dass drei, vier oder fünf von ihnen nicht mehr unter den Lebenden waren. Und so war es während der ganzen Dauer der Belagerung, und gegen Ende waren sie nur noch in so geringer Anzahl, dass man ihnen Kavalleristen und Infanteriesoldaten beistellte, um die Geschütze zu bedienen.

9. September

Die Beschießung der Kasernen dauerte ununterbrochen fort, und am Vormittag vom 9ten geriet die Nikolauskaserne in Brand. Einen Augenblick glaubte man, dass das große Gebäude ganz und gar der Flammen Raub würde, aber man arbeitete so kräftig, dass der Brand in einem der Pavillons der Kaserne umgrenzt wurde. Ein unglücklicher Militär, MaréchaldesLogis der Artilleriearbeiter, kam in den Flammen um, und man fand seinen Leichnam unter den Trümmern.

Die Mairie wurde während des ganzen Vormittags bombardiert; die Geschosse fielen auf die Dächer, durchbrachen die Vorderseite, zerplatzten im Hof und mussten natürlich Unglück anrichten inmitten des Personals der Angestellten, welche jeden Augenblick diesen Hof zu durchschreiten hatten. Um elf Uhr erschlug eine Granate einen Aufseher der Straßenreinigung, verwundete tödlich einen anderen städtischen Angestellten und traf, aber minder schwer, den Stadtbaumeister. Am gleichen Vormittag unterlagen zwei junge Straßburger: Der Francitireur Frey, in Folge einer an den Vorposten erhaltenen Wunde, und der Brigadier der Mobilgarde Fischer, der von einer Granate getroffen worden war, als er sich in die Schanze zur „Pastete" begab. Die beiden Jünglinge gehörten ehrenwerten Familien an und wurden allgemein betrauert.

Im Augenblick als der junge Frey verschied, wurden zwei seiner Kameraden, Namens Biot und Flach, welche in einem Ausfall verwundet worden waren, zur Ruhestätte geführt. Die ganze Kompanie der Franctireurs, Marinesoldaten, Mobilgarden, Eleven der militärärztlichen Schule und Nationalgarden geleiteten die beiden auf dem Felde der Ehre gefallenen Bürger zu Grabe.

Diese Franctireurs haben einen hervorragenden Platz in der Geschichte dieser Belagerung. Die gingen mutvoll und tapfer gegen den Feind, und unter dem Kommando des Hrn. LiésBodard bildeten sie eine kleine Gruppe echter Soldaten, deren Eifer man fortwährend mäßigen musste. Ihr Anführer, Hr. LiésBodard, war niemals Militär gewesen; er war ganz einfach Professor der Chemie an der Straßburger Fakultät der Wissenschaften. Da er gezwungener Weise Bacanz hatte, fand der Professor eines Tages, dass seine Untätigkeit ihn ermüdete und meinte, dass es ein patriotischer Zeitvertreib wäre, sich mit Leib und Seele der Verteidigung Straßburgs zu widmen; er setzte ein Kepi auf, umgürtete einen Säbel und wurde so Kommandant der Franctireurs. Er war so freundlich und freimütig, dass seine Kompanie ihn verehrte und sich für ihn hätte niederhauen lassen.

Neben den Franctireurs hatte sich eine andere Schar von Volontären gebildet: Die Freikompanie. Befehligt von einem jungen Anführer, Hrn. Geisen, der in der französischen Armee gedient und Feldzüge mitgemacht hatte, wetteiferte diese Kompanie an Aufopferung mit den Franctireurs und leistete ebenso gute Dienste.

10. September

Die Kanonade hatte die ganze Nacht furchtbar gewütet. Der Donner der Geschütze hatte keinen Augenblick auf der einen noch auf der anderen Seite nachgelassen. Auf der Südseite der Stadt hatten die Kanonen die Wälle durch ein mehrstündiges kräftiges Feuer den Feind verhindert eine Batterie auf der Straße vor dem Spitaltor zu errichten, wo allein es möglich wäre, Kanonen aufzustellen, da die ganze übrige Gegend unter Wasser stand.

Am Montag fand das Leichenbegängnis des Kapitäns Epp statt, eines jener tapferen Soldaten, wie deren das Elsass Frankreich so verschwenderisch lieferte, und der in der vorletzten Nacht bei einem Aussenwerk den Tod gefunden hatte.

Zahlreiche Offiziere der Besatzung, besonders der Pontonniers , hatten sich versammelt, um ihrem Kameraden die letzte Ehre zu erweisen. Der Sarg wurde von Pontonniers getragen. Der Sohn des Verblichenen, ein King, ging an der Spitze des Leichenzuges, neben dem protestantischen Pfarrer. Kapitän Epp war erst 40 Jahre alt. Im Hof des Militärspitals, wohin der Leichnam war gebracht worden, sprach der Pfarrer einige rührende Worte, die in den Herzen aller Anwesenden eine nachhaltige Wirkung hervorbrachten.

Unmittelbar nach dieser Trauerfeier erfolgte die Beerdigung von drei Marinesoldaten, die gleichfalls am vorgestrigen Tag vom Tode ereilt worden waren.

Der erste, ein Zimmermann des Schiffbaudienstes, Namens August Viallon, war, wie man weiter oben gelesen hat, von einem Granatensplitter in der Elisabethengasse getroffen worden; die beiden anderen, Marinelehrlinge, geborene Elsässer, zur Mobilgarde gehörend, waren als Lehrlinge dem in Straßburg anwesenden Marinedetachement einverleibt worden und hatten den Tod vor dem Feind gefunden.

Das brennende Restaurant de la Halle-Converte

Ein großer Zug, aus mehr denn 300 Personen bestehend, die Marineoffiziere an der Spitze, folgte den drei Särgen. Ein ehrwürdiger Geistlicher hielt in der Kapelle des Militärspitals eine beredte, patriotische Ansprache, welche das Gemüt aller Anwesenden mächtig ergriff.

Dann wurden die wackeren Seeleute auf den Schultern ihrer Kameraden zum Gräberfeld getragen und nebeneinander, Sarg an Sarg, in die gemeinschaftliche Grube versenkt, die schon so viele mutige Verteidiger der Stadt aufgenommen hatte.

Der 10. September war ein an Ereignissen reicher Tag.

Er eröffnete die Reihe der denkwürdigsten Tage dieser langen Schrekkensperiode. Gleich morgens bemerkte man eine gewisse Bewegung in der Stadt, und die sonst so niedergeschlagenen Mienen drückten mehr Ruhe und Zufriedenheit aus. Der Kommandant der Franctireurs hatte seiner Kompanie eine Depesche vorgelesen, welche meldete, dass General Dumont an der Spitze von 25.000 Mann Straßburg zu Hilfe komme und dass in einem, höchstens zwei Tagen vor den Mauern der Stadt sein werde. Die Franzosen haben gewonnen, hieß es in der Depesche, Kolmar hat illuminiert.

Der Nationalgarde wurde die gleiche Mitteilung gemacht, und in den Kasernen ging die Kunde von Mund zu Mund; der Generalstab, sagte man, habe sie verbreitet. Offiziere der Besatzung hatten Abschriften der Depesche in ihren Taschen und sie wurde in den Cafes angeschlagen. Dieses Mal war man seiner Sache sicher, eine Täuschung kann nicht vorliegen und die Befreiungsstunde naht. Andererseits hatte ein Straßburger sich ein Beiblatt der Karlsruher Zeitung zu verschaffen gewusst, welches die Verkündung der Republik in Paris und die Zusammensetzung der neuen Regierung meldete. So viel Glück auf einmal! Wahrlich, es schwindelte dem armen Verstand.

Diese Nachrichten verbreiteten sich wie ein Lauffeuer, und die Munizipalkommission verlangte in der Sitzung dieses Tages Aufklärungen vom Maire. Dieser antwortete, er wisse von nichts; die Administration habe durchaus nichts erfahren, und die auf einem Blatt Zigarrettenpapier geschriebene und anschließend in eine Zigarre gesteckte Depesche, welche in die Präfektur gebracht wurde, sei eine reine Erfindung. In dieser nämlichen Sitzung erlangte die Gemeindekommission die Gewissheit, dass all die Gerüchte von Siegen, von Entsatz, von einem Polizeibeamten ausgestreut worden waren, und sie erteilte ihm einen strengen Verweis. Die Nachricht von der Verkündung der Republik wurde jedoch für sicher gehalten, gerade weil die Polizei und die Administration sie als ungegründet oder nicht bestätigt erklärten.

Gegen 11 Uhr erhob sich eine mächtige, dicke Rauchwolke über der Stadt, einen abermaligen Brand verkündend, und bald hieß es überall: Das Theater brennt. Und so war es. Das Theater von Straßburg, eines der schönsten von ganz Frankreich, die Zierde, der Stolz der Stadt, wurde an diesem Tage ein Raub der Flammen. Solange es möglich gewesen war, hatte man das Feuer bekämpft; aber die zahllos in das Gebäude fallenden Granaten trugen den Sieg davon, und die Flammen erfassten die Bühne.

Hier bot ihnen das aufgehäufte Material reichlich Nahrung; im Nu stand die Maschinerie in Brand und bald schlugen die Flammen zum Dach hinaus. Zuerst stiegen schwarze Rauchsäulen gen Himmel empor und gleich darauf zischten rote, mächtige Flammen rings um das prachtvolle Gebäude und verwandelten es in einen glühenden, alles verschlingenden Feuerherd.

Hunderte von Abgebrannten hatten seit mehreren Tagen in den Gängen und Kellern des Theaters eine Zufluchstätte gefunden, auf den aus ihrer brennenden Wohnung geretteten Matratzen oder auf dem Bettwerk schlafend, das sie der Privatmildtätigkeit verdanken. Unter ihnen befanden sich viele Frauen und Kinder, auch Kranke, und alle diese Unglücklichen mussten zum zweiten Mal fliehen, um der Feuer und Todesgefahr zu entrinnen, denn die Flammen erfassten rasch die unteren Stockwerke und in einem fort schlugen Granaten in die Glut. Soldaten und Feuerwehrmänner standen ihnen mit Selbstaufopferung rettend bei, Frauen und Kinder auf den Armen davontragend, oder sie durch den dichten Qualm hindurch geleitend; einmal auf der Straße beeilten sie sich, aus dem heftigen Kugelregen zu kommen und einen mehr Sicherheit bietenden Ort zu erreichen. Alle diese armen Leute wurden gerettet, aber einige Arbeiter wurden verwundet. Ein Granatensplitter verletzte den Pförtner des Theaters, der an der empfangenen Wunde starb.

Ein Nationalgardist hatte einige Partituren den Flammen entrissen; dies war alles was der Zerstörung entging. Die Bühne, die Accessorien, die Kostüme, der vor einem Jahr prächtig restaurierte Saal, das Kabinet des Direktors, alles verbrannte. Der prachtvolle Leuchter stürzte mit furchtbarem Geklirre von der Decke nieder und zersprang in tausend Stücke. Nach einigen Stunden war alles beendet. Die Flammen hatten ihr Vernichtungswerk vollbracht, und als der Rauch sich verzog, erblickte man nur einen Haufen Schutt zwischen vier schwarzgebrannten Mauern.

Schon einen Monat dauerte es, dass Straßburg in Angst und Schrecken lebte, einen Monat, dass seine Bewohner von der Außenwelt abgeschlossen waren, in einem undurchdringlichen Eisenkreis eingezwängt; einen Monat, dass Ruinen sich auf Ruinen häuften, dass ein Brand dem anderen folgte, dass Trauer sich an Trauer reihte; einen Monat, dass Feuer und Tod die alte Stadt verheerten, und jeder sagte: „Morgen kommt die Reihe an mich." Während langer Wochen hatte hie und da ein Hoffnungsschimmer geleuchtet, um gleich darauf zu schwinden; man wagte nicht mehr, auch nur die leiseste Hoffnung aufkommen zu lassen.

Inmitten dieser düsteren, unglücksvollen Tage schlug aber jetzt eine Stunde wahrer Freude, eine Stunde unendlicher Erleichterung, reinen Glückes. Wie die Morgenröte nach einer Gewitternacht, wie ein die Dunkelheit durchbrechender Lichtstrahl, wie ein frohes Lachen inmitten der Tränen, kam eine Nachricht, welche jedes Herz erschütterte. Man erfuhr, dass die Schweiz Straßburg zu Hilfe eile, zwar nicht mit einer Armee, um den Feind zu verjagen, dies konnte sie als neutrales Land nicht tun, sondern um den Frauen, den Kindern, den Greisen, den Brot und Obdachlosen ihre Städte gastfreundlich zu öffnen. Die Schweiz hatte den Not und Schmerzensschrei so vieler tausend Unglücklicher gehört; die Schilderung so großer Katastrophen hatte sie gerührt, und voll Großmut und Edelsinn hatte sie gesagt: „Da will ich helfen!“ Und das ganze schöne helvetische Land erhob sich, um an der großherzigen Tat sich zu beteiligen. Es schickte seine Abgeordneten, welche zahllose Schwierigkeiten überwanden und ihr vorgestecktes Ziel erreichten. In der Sitzung der Gemeindekommission vom 10. September las der Maire folgenden Brief der schweizerischen Abgeordneten vor:

Bern, den 7. September 1870

„Herr Maire!
Es hat sich in der Schweiz ein Verein gebildet, der sich es zur Aufgabe gesetzt, der so grausam heimgesuchten Stadt Straßburg, die durch so schöne historische Erinnerungen mit der Eidgenossenschaft verbunden ist, die durch die Verhältnisse erlaubte Hilfe und Unterstützung zu leisten; der Verein wünscht vor allem den Einwohnern, die man aus der Stadt fortziehen lassen wird, namentlich den Frauen, Kindern, und im Allgemeinen den Personen, die außer Stand sind, sich zu verteidigen, einen Zufluchtsort zu bereiten.

Zur baldigen Erreichung dieses Zweckes, hat der Verein beschlossen, eine spezielle Deputation zu ernennen, bestehend aus den HHrn. Doktor Römer, Vorstand der Gemeinde Zürich, Obristen von Büren, Vorstand der Gemeinde Bern, und dem Staatsrat Doktor Bischoff, von Basel, mit dem Auftrag sich mit Sr. Exz. Hrn. General von Werder, sowie mit den Behörden von Straßburg in Beziehung zu setzen und Verhandlungen für das Gelingen und die Beschleunigung des fraglichen Werkes der Menschlichkeit anzuknüpfen.

In Anbetracht des Charakters dieser Mission, zauderte der Bundesrat nicht, Herr Maire, diese Deputation Ihrem wohlwollenden Empfange zu empfehlen, und Sie zu bitten, dieselbe mit allen Personen der Stadt in Beziehung zu setzen, deren Beistand geeignet wäre, die Verwirklichung des fraglichen Vorhabens zu sichern. Zu gleicher Zeit ergreift der schweizerische Bundesrat diese Gelegenheit, um Ihnen, Herr

Maire, die Versicherung seiner Hochachtung zu bieten.

Im Namen des schweizerischen Bundesrates,
Der Präsident der Eidgenossenschaft, Dubs.
Der Kanzler der Eidgenossenschaft, Schieß.

Der Maire konnte vor Rührung kaum den Brief vorlesen. Die ganze Versammlung brach in Jubelrufe, in Dankergüsse aus, und unverzüglich wurden Maßregeln ergriffen, um die Bevölkerung von dem Schritt in Kenntnis zu setzen, den das helvetische Volk für sie wagte. Die Abgeordneten sollten am folgenden Tage eintreffen; sie hatten dem General Uhrich geschrieben, um den Eintritt in die Stadt von ihm zu verlangen, und der General hatte ihnen folgende Antwort gegeben:

6te Militärdivision

10. September 1870

„Meine Herren,

Das Werk, das Sie nach Straßburg führt, ist ein so ehrenvolles, dass Sie sich damit für immer die Erkenntlichkeit der Bevölkerung unserer Stadt, wie die der Zivil und Militärbehörden sichern. Was mich insbesondere betrifft, so kann ich Ihnen nicht genug meine Erkenntlichkeit für Ihre edle, großmütige Anregung bezeugen. Ich erachte es als eine Pflicht, Ihnen von vornherein zu sagen, wie sehr ich gerührt bin durch die Größe Ihrer edlen Absichten. Ein Parlamentär wird sich morgen gegen 11 Uhr nach Eckbolsheim begeben, mit dem Befehl, Sie nach Straßburg zu geleiten.

Genehmigen Sie, meine Herren, die Versicherung meiner Hochachtung."

Der Divisionsgeneral, Befehlshaber
der 6ten Militärdivision
Uhrich

11. September

Man verbrachte eine unruhige und angstvolle Nacht; das Bombardement dauerte wütend fort, Tod und Feuer verbreitend. In der Steinstraße loderten die Flammen wieder. Jeder dachte an die Schweizer Deputation, und man fragte sich, ob wirklich Freunden und Rettern die Tore geöffnet würden; man traute sich nicht, an dieses Glück zu glauben, und es verbreitete sich sogar das Gerücht, dass diejenigen, deren Eintritt man ankündigte, nur verkappte Sendlinge, Spione der Belagerer wären, welche unter dem Vorwand kämen, die Gastfreundschaft der Schweiz anzubieten. Was die Frauen und Kinder betrifft, die sie davonzuführen versprachen, würden diese Spione wohl ein Mittel finden, ihre Versprechen zu umgehen. Dahin hatte Schmerz und Angst die Gemüter gebracht; man konnte nicht mehr an ein Glück glauben und die Freunde hielt man für Verräter!

Und doch war diesmal die gute Nachricht wahr; die Freude sollte nicht grausam getäuscht werden; es war wirklich die Schweiz, welche einschritt.

Um 11 Uhr morgens versammelte sich die Gemeindekommission im Handelshotel und begab sich, der Maire und die Adjunkten an der Spitze, an das Weißenturmtor, wo die Abgeordneten eintreten sollten. Eine unzählige Menschenmenge folgte ihnen und in allen Straßen herrschte eine außerordentliche Regsamkeit, ungeachtet des unaufhörlichen Bombardements. Plötzlich fällt die Zugbrücke, die Anwesenden entblößen das Haupt und tausende von Stimmen rufen: „Es lebe die Schweiz!"

Die drei Abgeordneten des edlen Volks traten Arm in Arm ein, sie schienen tief erschüttert. Tränen flossen; jeder wollte ihnen die Hand drücken und sie segnen, denn jeder hatte eine Mutter oder eine Schwester oder ein Kind, für welche er besorgt war und welche nun eine schützende Zufluchtstätte finden konnten. Alle lebten neu auf; wenn man seine Lieben in Sicherheit weiß und nur noch für sich selbst zu kämpfen hat, dieses Bewusstsein gibt Kraft und Mut.

Schon vor Straßburg durch Bande inniger Freundschaft mit der Schweiz verbunden, aber diese Bande sind nun für immer geknüpft. Straßburg schuldet seinen guten Schweizer Nachbarn ewigen Dank, und die Geschichte wird in ihren Annalen die Erinnerung dieses brüderlichen und frommen Werkes bewahren. Wie groß sind die Völker, welche in der Schule der Freiheit erzogen werden!

Als die Schweizer Abgeordneten eingetreten waren doch hier tritt der Verfasser dieses Büchleins das Wort an diese großmütigen Bürger selbst ab. In ihr Land zurückgekehrt, erstatteten sie ihren Landsleuten Bericht von ihrer Sendung. Die Beschreibung, die sie von ihrer Reise und ihrer Ankunft in Straßburg gemacht haben, ist gefühlvoll, wahrheitsgetreu und freimütig; jede Zeile trägt das Gepräge der Rechtlichkeit und des Mitleids, und man wird gewiss diese rührende Schilderung gern lesen:

„Von Basel aus war die Mahnung gekommen, sich der Not Straßburgs, der einst mit schweizerischen Kantonen verbündeten Stadt, nun furchtbar leidend unter den Schrecken eines Bombardements und lange dauernder Belagerung, anzunehmen und Hilfe zu bringen. Wer sollte es sonst tun können? Ist es nicht die schöne Aufgabe neutraler Staaten, Teilnahme zu beweisen denen, welche durch den Krieg heimgesucht sind? Einzig von dieser Seite aus kann die Hilfe geleistet werden, frei von Nebenrücksichten und nur bestrebt, die Not zu lindern und Liebe zu beweisen. Hier erschien es nun als das Dringendste, denjenigen Straßburgern, welche am schwersten betroffen sind, einen Ausgang aus ihrer Stadt zu eröffnen und die Gastfreundschaft der Schweiz ihnen anzubieten. Die unter Mitwirkung des Bundesrates rasch einberufene Konferenz in Olten (7. September) beschloss unverweilt eine Abordnung an Ort und Stelle zu senden, um die Einladung zu bringen und den Auszug zu erwirken, während gleichzeitig in der Heimat die Aufnahme der Gäste vorbereitet werden sollte. Aus jeder der drei in der Konferenz vertretenen Städte wurde die Abordnung gebildet. Wie bekannt, wurden bezeichnet Hr. Stadtschreiber Bischoff aus Basel, von dem die Anregung ausgegangen war, Hr. Dr. Römer, Stadtratspräsident von Zürich, und von Bern der Unterzeichnete.

Im Vertrauen auf die Bereitwilligkeit unserer Mitbürger ihrerseits Hand zu bieten, begab sich die Abordnung nach Straßburg. Wie werden wir aufgenommen werden von den Belagerern? Werden wir Einlass erhalten in die Festung? Welchen Zustand werden wir vorfinden? Auf welchen Umfang wird sich die schweizerische Hilfeleistung zu erstrecken haben? Diese Fragen bewegten uns nicht wenig. Allein es konnte sich um nichts anderes handeln, als möglichst rasch zur Stelle zu kommen und in der Erfahrung selbst die richtige Antwort zu erhalten. Wir durften dabei zuversichtlich glauben, dass Gott uns beistehen und den Weg bereiten werde.

Vom Bundesrat, sowie vom Gesandten des norddeutschen Bundes, Hrn. General v. Röder, hatten wir sehr bereitwillig Empfehlungen und Einführungsschreiben erhalten. So fanden sich denn schon des anderen Tages die drei Mitglieder der Abordnung in Basel zusammen und konnten gleichen Tages noch bis Freiburg im Breisgau gelangen. Auf meine Mitteilung hin, hatte sich Hr. Stabsoberlieutenant Hans von Wattenwyl, der vorher schon die Absicht hatte, die Belagerung zu besuchen, uns angeschlossen und von Basel aus begleitete und auf Einladung hin Hr. Banquier Stähling von Straßburg, der bereits seit Wochen nach Basel übergesiedelt war. Als früheres Mitglied des Munizipalrates seiner Vaterstadt, konnte er uns über die Straßburger Verhältnisse sehr gut orientieren. Gute Bekannte von Dr. Bischoff im Badischen leisteten uns wesentliche Dienste, um das Reiseziel zu erreichen.

Um vor die Festung zu gelangen, verließen wir am 9ten die Eisenbahn zu Dinglingen; ein Wagen war daselbst bereits bestellt. Vom dortigen militärischen Kommando erhielten wir zwei berittene Ordonnanzen zur Begleitung. Auf der fliegenden Brücke zwischen Ichenheim und Plobsheim setzten wir über den Rhein. Von weitem schon sahen wir das Straßburger Münster emporragen und hörten den Donner der Geschütze. Bald kamen wir in den Bereich der Belagerungsarmee. Es war regnerisches und stürmisches Wetter. Gegen Abend erst gelangten wir ins Hauptquartier der badischen Division zu Oberschäffolsheim. Wir meldeten uns sofort beim Divisionskommandanten General von La Roche. Auf seine Empfehlung und durch die angesprochene Handbietung des Maire fanden wir, nicht ohne Mühe, um „Geld und gute Worte," ein Plätzchen bei einem Ortsbewohner jüdischen Bekenntnisses und dann bei einem gegenüber wohnenden Notar, Hrn. Ammann, sehr freundliche Aufnahme. Der Raum war zwar eng, denn Brigadegeneral von Degelfeld hatte ebenfalls im Haus des Notars sein Quartier - aber wir erhielten doch Obdach und heimische Stätte. So weit es an Betten fehlte, halfen unsere mitgebrachten Decken aus. Hier war nun hinfort das Hauptquartier der „schweizerischen Abordnung", etwa auch „internationale Kommissäre" geheißen.

Unser Erstes war, am folgenden Tag (10. Sept.) in das Hauptquartier der Belagerungsarmee nach Mundolsheim zu kommen und unser Anliegen dem kommandierenden General von Werder vorzutragen. Derselbe empfing uns mit großer Freundlichkeit, er betonte zwar die militärischen Rücksichten, die unserem Verlangen entgegenstünden, doch ging er willig auf unser Gesuch ein. Um die erforderlichen Abreden zu treffen, wies er uns an den Chef des Generalstabes, Oberstlieutenant von Lesczinsky, mit dem wir nun vielfach zu verhandeln hatten, und der uns stets Teilnahme und wirksame Handbietung zu Teil werden ließ. Sofort wurde unsere Anmeldung in Straßburg beim Festungskommandanten, nebst dem Schreiben des Bundesrates an den Maire von Straßburg zur Besorgung übernommen und durch einen Parlamentär zur Festung befördert, um für den folgenden Tag Eingang zu erhalten.

Mit besonders warmer Teilnahme wurden wir von S.K.H. dem Großherzog von Baden empfangen, der im nahen Lampertheim sein Hauptquartier aufgeschlagen hatte. Die gute Aufnahme, die wir bis dahin gefunden, ermunterte uns nicht wenig. Doch handelte es sich noch um eine Hauptsache: Den Einlass in die Festung. Wie wird sich der Festungskommandant zu unserem Anerbieten stellen? So sehr dasselbe auch im Interesse der Belagerten liegen muss, konnten wir doch bei allem, was über General Uhrich gesagt worden war, eine gewisse Besorgnis nicht unterdrücken. Aber wie ganz anders war die Wirklichkeit!"

Die schriftliche Antwort des Festungskommandanten, durch einen Parlamentär überbracht, lautete so anerkennend und war in so verbindlicher Weise abgefasst, dass jeder Zweifel schwand. Mit dem preußischen Armeekommando hatten wir die Stunde um 8 Uhr zum Eintritt verabredet, allein vom Festungskommandanten wurde 11 Uhr festgesetzt. Im Zweifel, welche Stunde nun schließlich gelten sollte, fanden wir uns um 8 Uhr beim Kommandanten der Vorposten, Oberst von Renz, Eckbolsheim ein. Wir warteten dort bis 11 Uhr, unterdessen von Hrn. Malzfabrikanten Minder aufgenommen. Vom Türmchen seines Hauses übersahen wir die umliegende Gegend. Der Himmel hatte sich seit gestern aufgeheitert, aber von Königshofen stieg eine Feuersäule und dichter Rauch empor! Ein starker Brand von den Geschossen der Festung angezündet. Auf den Werken, wie auf den Batterien der Angreifer, lag der Pulverdampf. Der Donner der Geschütze rollte. Zur bestimmten Stunde traf der preußische Offizier, welcher uns als Parlamentär begleiten sollte, mit seinem Trompeter ein. Wir folgten ihm auf der Straße durch Königshofen zum Porte Nationale, auch Weißturmtor genannt, erst zu Wagen, näher der Festung zu Fuß. Die Batterie der Belagerer auf dieser Seite hatte ihr Feuer eingestellt. Aus der Festung schwieg uns gegenüber das Feuer ebenfalls. Ein französischer Parlamentär ritt auf hübschem arabischem Pferde uns entgegen auf's Glacis. Die beiden Offiziere tauschten ihre Schriften aus und wir folgten nun dem französischen Parlamentär. Über einen Erdaufwurf wurde Weg gemacht, damit unsere Wagen hineinfahren konnten. Die Tore waren offen. Welch ein Einzug in die geängstigte Stadt!

Ein schwarz gekleideter Herr kam uns entgegen und am Tor erwartete uns der ganze Munizipalrat der Stadt, alle in schwarzer Kleidung, an der Spitze der Maire und sein Adjunkt mit der dreifarbigen Schärpe. Weiterhin zahlreiche Gruppen von Bewohnern der Stadt. Laute Zurufe: „Hoch die Schweiz! Ihre edle Gesinnung!" Und dgl. begrüßten uns. Wir wurden umarmt. Tränen der Rührung flossen. Zum ersten Mal seit dem Beginn der Belagerung, seit den furchtbaren Tagen und Nächten des Bombardements, trat jemand von Außen - kamen Freunde um Teilnahme zu beweisen - in die hartbedrängte Stadt. Wessen Herz wäre nicht tief bewegt worden! Und was sahen wir um uns her? Eine grauenhafte Zerstörung.

Das Quartier, durch das die Straße führte, war großenteils niedergebrannt. Der Anblick erinnert mich an die Ruinen von Glarus, als ich wenige Tage nach dem Brand die Unglücksstätte besuchte. Er war erklärlich, dass in der Adresse, welche der Munizipalrat an uns richtete und die der Maire mit bewegter Stimme verlas, neben den Dank und Sympathiebezeugungen für die Schweiz, scharfe Ausfälle gegen die Belagerer enthalten waren. Unser Wortführer, Hr. Dr. Bischoff, erwiderte die Begrüßung in kurzer, bedeutungsvoller Weise: Zu wenig beredt, um es mit Worten tun zu können, wollen wir mit der Tat antworten.

Wir kamen über die Illbrücke in das Innere der Stadt. Dort war weit weniger Zerstörung. In Mitte der Quartiere sah man einzelne auf den Grund ausgebrannte Häuer. Viele mochten beschädigt sein, doch fiel es nicht auf. Man wusste sich in einer bevölkerten Stadt; aber bei geschlossenen Verkaufslokalen, teilweise verrammelten Fenstern, zugedeckten Kellerlöchern sah es auch düster genug aus. Dicht gedrängt erwartete uns eine große Volksmenge. Der Maire wollte ausweichen und eine andere Straße einschlagen, aber lauten Rufen nachgebend, wandte er sich in die frühere Richtung zurück.

Im Hotel du Commerce hat der Munizipalrat seinen Sitz aufgeschlagen. Die Mairie ist von Kugeln arg zugerichtet. Dort dient nun ein gewölbter Vorraum als Sitzungssaal. In denselben ließ man uns eintreten. Wir hatten erwartet, vor allem zum Festungskommandanten geführt zu werden, aber der Gemeindebehörde wurde ohne alle Einschränkung der Vorrang gelassen. Der Offizier, welcher uns hereingeführt hatte, blieb bei uns.

Eine Erfrischung, welche uns angeboten wurde, lehnten wir ab. Es war Wichtigeres zu tun. Nach einigen Worten der Begrüßung entwickelte nun Hr. Dr. Bischoff an der Hand eines kurzen Programms, das wir aufgestellt hatten, die zu treffenden Vorkehrungen, namentlich die Bildung einer Liste, in die alle diejenigen Personen, welche im Falle wären von der Einladung und der zu erwartenden Bewilligung der beiden Militärkommandos Gebrauch zu machen, verzeichnet werden sollten.

Man fragte uns nach der Zahl, welche zulässig wäre. Eine bestimmte Antwort konnten wir nicht geben, wir hatten keinen Anhaltspunkt hierfür. Vor allem musste das Bedürfnis ermittelt werden. Deshalb sollte die Mairie eine Bekanntmachung erlassen, damit Jedermann sich melden könne, Frauen und Kinder, Greise und Kranke sollten ins Auge gefasst werden. Diskretion war bei der Feststellung geboten, denn wir konnten ja nicht selbstständig verfügen. Im Übrigen musste die Ausfertigung der Listen Aufgabe der Gemeindebehörden sein. Wir, die wir die Verhältnisse und Personen nicht kannten, konnten nicht mitwirken.

Nun ging's zum Festungskommandanten General Uhrich. Er hat sein Hauptquartier in der Stadt in seinem amtlichen Hotel. Die Kugeln hatten dasselbe auch erreicht, doch sah es noch stattlich aus. Im Erdgeschoss hatte er sich mit Wohnzimmer und Bureau eingerichtet. Der Empfang entsprach dem an uns gerichteten Schreiben. Mit unserm Programm erklärte er sich völlig einverstanden und bot zur vorgeschlagenen Maßregel sehr bereitwillig die Hand.

Der Maire begleitete uns, der Präfekt wurde herbeigerufen. Worte der Anerkennung für die vorzügliche Haltung und Hingebung der Bürgerschaft und Zusicherung ihrer ausdauernden Vaterlandsliebe wurden gewechselt.

Über die Ereignisse auf dem Kriegsschauplatze tat General Uhrich keine einzige Frage. Dass wir unsererseits nicht über unsere Aufgabe hinausgingen, versteht sich von selbst. Dagegen richtete Admiral Exelmans, welcher zum Kommando einer Rheinflotte nach Straßburg gegangen war, nun auf dem Trockenen sitzt, aber sich um die Leitung der Verteidigung verdient macht, eine Reihe von Fragen an uns und erkundigte sich angelegentlich nach dem Stand der Dinge. Auch dies tat er nicht im allgemeinen Gespräche, sondern nahm dazu den einen und anderen von uns beiseite.

Merkwürdig! Kaum eine Ahnung hatte man in der Festung von den furchtbaren Schlägen, welche die französische Armee in letzter Zeit getroffen hatte, oder man konnte und wollte nicht an die Nachrichten glauben, welche die deutschen Zeitungen und Telegramme enthielten, die die Belagerer jeweils dem Festungskommandanten mitgeteilt hatte. Wir bestätigten nun die volle Wahrheit der Katastrophe von Sedan und antworteten auf die Frage nach Erfolgen der französischen Waffen und dem Herannahen eines Entsatzheeres mit einer bestimmten Verneinung.

Es ist dem Festungskommandanten vielfach zum Vorwurf gemacht worden, dass er die Bewohner der Stadt, wohl auch seine eigenen Truppen völlig ungekannt gelassen habe mit allem, was draußen vorging, ja der er dieselben mit falschen Hoffnungen auf ein vordringendes, in wenig Tagen zu erwartendes Entsatzheer als Mittel zur Aufmunterung getäuscht habe. Uns gegenüber entwickelte er keine Spur von Misstrauen und ließ uns völlig freie Hand zur Bewegung und Verhandlung in der Stadt und mit ihren Bewohnern. Wir achteten aber umso sorgfältiger darauf, dieses Zutrauen nicht zu missbrauchen.

Auf einem Gang durch die Stadt besuchten wir hauptsächlich das Münster. Zu unserer großen Freude überzeugten wir uns, dass es verhältnismäßig wenig gelitten hatte. Einige Trümmer liegen allerdings auf dem Boden. Ein Schuss in die Laterne hat etwas Schaden verursacht, ein Erker ist angeschossen, einige Kugeln haben Glasmalereien durchbohrt. Der hölzerne Dachstuhl des Schiffes ist abgebrannt, aber unter demselben steht das Gewölbe fest. Der imposante Bau des Münsters ragt immer noch mächtig und herrlich empor. Die kunstvolle Uhr ist unversehrt, aber sie wird nicht aufgezogen. Nicht ohne Mühe erhielten wir den Eintritt ins Innere; dasselbe ist abgeschlossen. In einer Seitenkapelle hantierte ein Priester, sonst war es leer.

Die deutschen Batterien haben den bestimmten Befehl, das Münster zu schonen. Doch bemerkten die Straßburger, es sei noch am gleichen Morgen ein Schuss auf dasselbe gefallen. Es war, wie wir nachher erfuhren, ein Schrapnell gewesen, der hingeschossen wurde als Mahnung, weil der Turm, der eine treffliche Warte bildet, von welcher aus die Gegend weit umher mit allen Arbeiten der Belagerer überblickt werden kann, bestiegen worden war. Schonen die Belagerer den monumentalen Bau, so verlangen sie, dass er nicht zum Zweck der Verteidigung benutzt werde.

Der unersetzlichste Schaden ist derjenige der Bibliothek, die völlig abgebrannt ist. Die Pistolen Kleber's und einige solcher Merkwürdigkeiten, die gerettet oder wieder aufgefunden worden, sind ein Geringes gegen die Schätze, welche unwiederbringlich verloren gegangen waren. Aber warum hat man denn nichts in Sicherheit gebracht, z.B. hinunter in die Keller? So spricht man im deutschen Lager, denn das Bombardement ist 24 Stunden vorher dem Festungskommandanten angezeigt worden, aber die Bewohnerschaft hat, wie man uns sagte, keine Mitteilung davon erhalten.

Der Brand der Neuenkirche und eines Teiles des Gymnasiums, beide den Protestanten gehörend, sind ebenfalls große Verluste. Am Tag vor unserem Eintritt brannte das Theater ab. In diesem Augenblick ist dies namentlich fühlbar, weil in diesem Gebäude viele schon obdachlos gewordene Familien untergebracht waren. Wir hatten den starken Brand von außen wohl gesehen. Auf die Stadt wurde zwar nicht mehr geschossen, sondern einzig auf die Festungswerke oder bestimmte Militärgebäude. Aber es gehen Kugeln fehl und während unseres Aufenthalts in der Stadt kündete sich Pfeifen und Einschlagen von solchen hie und da an. Darf man sich wundern, wenn die Bewohner noch unter dem schreckhaften Eindruck des Bombardements stehen und keinen Augenblick sich sicher fühlten? Sie glaubten, dass während unserer Anwesenheit in der Stadt die Beschießung aufhöre oder doch eine Zeitlang sie wieder aufatmen könnten; und waren nicht wenig unwillig, als diese Rücksicht nicht getragen wurde. Wir hatten sie nicht erwartet und begriffen ganz gut, dass unseretwegen die Belagerung nicht unterbrochen werden konnte. Leichter und ungefährdeter Eintritt genügte uns vollkommen.

Auf dem Wege trafen wir hie und da Bekannte. In seinem Hause hatte unser Begleiter, Hr. Stähling, einen Imbiss bereiten lassen. Seine Söhne mit der Haushaltung waren noch da und hatten im Keller ihr Quartier aufgeschlagen. Dort wurde gekocht. Etwas Fleisch hatte er von außen hereingebracht. In der Stadt kostete das Pfund 3 Fr., Pferdefleisch die Hälfte. Mangel an Lebensmitteln scheint nicht zu sein. - Dort wurden wir von mehreren Personen aufgesucht.

Zwei freundliche Mädchen brachten uns einen mächtigen Blumenstrauß. Es sind die Enkelinnen des Bruders des Marschalls Pelissier, der vor wenigen Tagen in seinem uns gegenüberliegendem Haus von einem Geschoss getötet worden ist. Diese Familie von L. verließ bald nachher Straßburg mit unserer Emigrantenkolonne.

Um 4 Uhr fanden wir uns wieder auf der Mairie ein, um den Rückweg anzutreten. Der nämliche Parlamentär, welcher uns empfing, geleitete uns wieder zur Festung hinaus. Viele Briefe waren uns zur Besorgung übergeben worden. Bereitwillig nahm man sie im deutschen Hauptquartier zur Beförderung ab.

Mit tiefen Eindrücken kehrten wir zurück; dankbar für den herzlichen Empfang durch die Bewohner, für die gute Aufnahme durch den Festungskommandanten und für die Bewahrung von jeglichem Schaden, der uns hätte treffen können.

Am folgenden Tag begaben wir uns nun wieder ins deutsche Hauptquartier. In der Gewärtigung des Einlangens der Listen von den Hinauszulassenden war die Ausführung der Maßregel zu vereinbaren. Noch hatten wir keine Kenntnis von der Zahl der sich Anmeldenden, aber General von Werder schien geneigt, nicht engherzig zu sein. Schon waren wohl auf Veranlassung des Großherzogs von Baden ziemlich viele Personen und Familien successive hinausgelassen worden. Für die von uns angeregte Maßregel stellte nun das deutsche Kommando eine Anzahl von circa 50 Wagen per Kolonne zur Verfügung, welche die Auswanderer vor der Festung aufnehmen und bis zur Schiffbrücke bei Rheinau führen sollten. Von dort aus waren sie dann durch andere Wagen zu übernehmen und an die badische Eisenbahn zu befördern, auf welcher ein Extrazug zur unentgeltlichen Fahrt nach Basel zugesichert wurde.

General von Werder legte besonderes Gewicht darauf, dass die Emigranten in die Schweiz gingen. Es scheint, dass einige früher Hinausgelassene sich ungebührlich gegen Deutschland verhalten und zu Klagen Anlass gegeben haben. Die Weisung wurde indes nicht rücksichtslos durchgeführt. Unsere Absicht war, in Lahr oder Dinglingen eine Etappe zu errichten, wo die Emigranten die Nacht nach dem Auszug zubringen und dann folgenden Tags in die Schweiz gleich bis an den Ort ihrer Aufnahme gelangen könnten. Hr. Dr. Bischoff und Hr. v. Wattenwyl gingen deshalb den 13ten früh nach Lahr, um dort alles in Ordnung zu bringen. Sie fanden dort zwar manche bereitwillige Handbietung, aber eine Etappe für Nachtquartier ließ sich nicht einrichten. Man musste deshalb die Fahrt von Straßburg zur Eisenbahn möglichst beschleunigen und den Bahnzug gleichen Tags bis Basel bringen. Es gelang. Die Lahrer zeigten viel Teilnahme und sorgten für Erfrischungen. Alle diese Vorbereitungen erforderten aber Zeit und erst am Donnerstag, den 15ten, um 10 Uhr, konnte der Ausgang der ersten Kolonne festgesetzt werden.“

Somit endet dieser ebenso einfache als ergreifende Bericht; er überschreitet das Datum vom 11. September, unter welchem wir schrieben im Augenblick als wir denselben einschalteten, und wir wollen nun die Schilderung der Ereignisse fortsetzen an dem Punkt, wo wir sie gelassen haben; um 5 Uhr abends verließen die Abgeordneten die Stadt; halb darauf wurde folgende Anzeige an die Mauern der Stadt angeschlagen:

Mairie der Stadt Straßburg

Anzeige

„Die Personen, welche für sich und ihre Familien einen Geleitschein zu erhalten wünschen, um unter dem Schutze der Abgeordneten der Schweizer Eidgenossenschaft die Stadt zu verlassen, sind eingeladen, sich im Bureau im Handelshotel (Lokal der Börse, Schlossergasse) am Montag, 12. September an, um 8 Uhr morgens, einschreiben zu lassen.“

Straßburg, den 11 September 1870
Der Maire, Humann

12. September

In aller Früh drängten sich die Einwohner am Handelshotel, um sich einschreiben zu lassen, und in einigen Stunden zählte man mehrere tausend Gesuche um Geleitscheine. Außer dem Anerbieten der Gastfreundschaft für die Unglücklichen, hatten die Schweizer Abgeordneten die Bestätigung gewisser Nachrichten gebracht, welche seit einigen Tagen in der Stadt vorbereitet waren und welche die Obrigkeit hartnäckig verheimlichte. Sie meldeten, dass die Republik wirklich in Paris verkündet worden und der Kaiser gefangen wäre; dass 80.000 französische Soldaten bei Sedan kapituliert hätten und dass die deutsche Armee vor Paris stände.

Der Niederrheinische Kurier, welcher alle diese Nachrichten seit mehreren Tagen kannte, aber sie, in Ermangelung einer bestimmten Bestätigung, nicht hatte kund machen wollen, zauderte nicht mehr, dieselben zu veröffentlichen, nachdem sie von den schweizerischen Delegierten bestätigt worden waren, und er gab in einem Extrablatt die Übersicht der letzten Ereignisse. Die Verkündigung der Republik wurde mit allgemeiner Freude aufgenommen; die Kapitulation von Sedan hielt man für unmöglich und erdichtet. Der Kurier musste Auszüge aus einigen französischer Zeitungen, die er sich zu verschaffen vermocht hatte, veröffentlichen, auf dass man endlich diese in den militärischen Annalen einzige und unerhörte Tatsache als wahr annahm.

Die Munizipalkommission war kaum in Sitzung getreten, als man ihr die Ankunft des Barons Pron, Präfekten des Niederrheins, ankündigte. Wir lassen hier das Sitzungsprotokoll sprechen:

„Der Hr. Präfekt tritt in den Saal; er legt die wichtigen Depeschen, welche er, wie er sagt, soeben vom Hrn. Unterpräfekten von Schlettstadt empfangen hat, im Büro vor nieder und teilt sie der Kommission mit.

Diese Nachrichten melden die Entthronung der napoleonischen Dynastie, die Verkündigung der Republik und die Einsetzung einer Regierung für die Landesverteidigung.

Der Hr. Präfekt liest hierauf eine Proklamation vor, welche er an die Einwohner von Straßburg richtet, um ihnen anzukündigen, dass schon gestern Abend, auf das „von ehrenwerten Fremden gebrachte Gerücht, dass die „Republik“ in Paris verkündet wurde, er sich beeilt hat, den „Mitgliedern der provisorischen Regierung“ zu schreiben, dass er sein Mandat niederlegt und sich, in Erwartung „der Ankunft seines Nachfolgers, darauf beschränken würde, die öffentliche Ruhe zu sichern und vor dem Feinde die Würde der Nationalfahne zu wahren.“

Der Hr. Präfekt hat noch folgende Mitteilung gemacht: Aus einem ihm zugekommenen Privatbrief erhelle, dass der gesetzgebende Körper erklärt hat: „Straßburg, seine Soldaten und seine Bürger haben sich um das Vaterland wohl verdient gemacht.“

Nach diesen Mitteilungen zieht der Hr. Präfekt sich zurück. Hr. Börsch schlägt sogleich der Kommission vor, den großen Entschliessungen des Pariser Volkes beizustimmen. Dieser Antrag wird mit den Rufen: „Es lebe die Republik!“ aufgenommen. Eine Deputation begibt sich sogleich zum General. Die Sitzung, welche während einer Stunde eingestellt wurde, wird um halb 6 Uhr wieder fortgesetzt.

Die Deputation ist aus dem Generalquartier zurückgekommen. Der Hr. Maire ersucht sie, vom Ergebnis ihrer Besprechung mit dem General Uhrich Bericht zu erstatten.

Hr. Saglio macht im Namen seiner Kollegen die Antwort des Generals kund, deren wesentlicher Inhalt folgender ist:

„Es ist etwas Bedenkliches, eine neue Regierung zu „proklamieren“; die Bedenklichkeit vermehrt sich, wenn ein Militärchef keine amtliche Mitteilung von seinem hierarchischen Obern erhalten hat: Ich befinde mich in dieser „Lage“. Persönlich empfinde ich kein Widerstreben gegen den „Schritt“, den man von mir verlangt; ich habe schon der „Republik“ gedient, und zwar mit Redlichkeit; indem ich „meine Pflichten“ erfülle, wünsche ich im Einklange mit dieser Bevölkerung, welche sich so edel betragen hat, und mit ihren Vertretern zu gehen. Sie werden jedoch begreifen, dass, bevor ich einen Entschluss fasse, ich „aufs Neue“ die der Präfektur zugekommenen Depeschen „prüfe“ und meinen Verteidigungsrat befrage. Wollen Sie gefälligst dann morgen um 10 Uhr wieder zu mir kommen.“

Hr. Karl Börsch vervollständigt diese Darstellung durch folgende Worte:

„Da ich den General gefragt hatte, ob er nicht gleich jetzt der Stadt Straßburg die Verkündung der Republik anzuzeigen beabsichtigte, antwortete er, dass er es „nur dann tun könnte, nachdem er den amtlichen Befehl von seinem Vorgesetzten, dem Kriegsminister, erhalten hätte; aber er fügte hinzu, dass er das politische Ereignis, wovon die Deputation ihm die Nachricht gegeben hat, als eine wirkliche Tatsache annähme.

Der Hr. Maire sagt, dass er sich über die vom General gesprochenen Worte nicht wundert; General Uhrich, fügt der Hr. Maire hinzu, ist ein wackerer und würdiger Bürger, ein guter Franzose, voll Biederkeit und Vaterlandsliebe.“

Es war also kein Zweifel mehr möglich: Frankreich war von Napoleon befreit. Und in dieser armen, so grausam heimgesuchten und tief betrübten Stadt Straßburg vergaß man einen Augenblick alle Drangsale, den Feind und das Bombardement; ein unsäglich freudiges Gefühl durchzuckte die beklommenen Herzen, und die durch Feuer und Eisen verheerten, von Leichenzügen und Tragbahren durchfurchten Straßen, sie legten für eine kurze Weile den Trauerflor ab und schmückten sich mit festlichen Fahnen!

Aber ach! Bald wurde diese Freude gewaltsam erstickt, und statt der begeisternden „Marseillaise“ ertönten wieder schauerliche Feuerrufe.

13. September

Am folgenden Morgen waren zwei Proklamationen angeschlagen; die eine war vom Präfekten erlassen und lautete wie folgt:

Präfektur des Niederrheins

Straßburg, 12. September 1870
4 Uhr abends

Bewohner von Straßburg!

„Zum ersten Male nach zwölf Tagen ängstlichen Harrens erhalte ich Nachrichten aus Paris, die ich für offiziell zu halten Grund habe, obgleich sie mir auf einem Umwege aus Schlettstadt zugekommen sind. Hier sind dieselben:

Paris, den 4. September 1870, um 6 Uhr abends

An die Herren Präfekten, Unterpräfekten, an den Generalgouverneur Algeriens und an alle Telegraphenstationen Frankreichs:

Französische Republik

Ministerium des Innern.

„Die Absetzung des Kaisers wurde im gesetzgebenden Körper ausgesprochen und die Republik im Pariser Stadthause ausgerufen. Eine Regierung für die Landesverteidigung, aus elf Mitgliedern bestehend, sämtlich Deputierte von Paris, wurde eingesetzt und das Volk hat dieser Regierung zugejauchzt.

Hier folgen die Namen der Mitglieder dieser Regierung: Emanuel Arago, Cremieux, Jules Favre, Ferry, Gambetta, GarnierPages, Glais-Bizoin, Pelletan, Picard, Rochefort, Jules Simon.

General Trochu bleibt Gouverneur von Paris und ist „zum Kriegsminister an die Stelle des Generals Palikao ernannt.

Lassen Sie unverzüglich diese Anzeige vermittelst Maueranschläge veröffentlichen und nötigenfalls durch den öffentlichen Ausrufer bekannt machen.“

Für die Regierung der Nationalverteidigung:
Der Minister des Innern, Leo Gambetta

Der Vorstand des Dienstes,
Weck

Ohne diese Depesche abzuwarten und auf das Gerücht hin, welches ehrenwerte Freunde gestern in unsere Stadt gebracht haben, dass die Republik in Paris proklamiert worden ist, habe ich mich beeilt, an die Herren Mitglieder der provisorischen Regierung zu schreiben, dass ich meine Stelle niederlege und mich in Zukunft bis zur Aufhebung der Belagerung oder bis zur Ankunft meines Nachfolgers darauf beschränken werde, die öffentliche Ruhe aufrecht zu erhalten und vor dem Feinde die Würde der Nationalfahne zu wahren.

Einwohner Straßburgs! Ich schuldete euch die Wahrheit, ich teile sie euch mit, sobald ich sie erfahren habe.

Überdies erhellt aus einem Privatschreiben, dass der gesetzgebende Körper erklärt hat, Straßburg, seine Bewohner und seine Behörden haben sich um das Vaterland wohl verdient gemacht!

In diesen Stunden patriotischer Leiden, lasst mich euch den Rat erteilen, ruhig zu bleiben, die Behörden zu achten und die Fahne Frankreichs würdig zu verteidigen.

Indem ich von euch scheide, bewahre ich fortwährend die Erinnerung an eure edlen und festen Eigenschaften, an die guten Gesinnungen, die ihr mir bezeugt habt. Ich werde nie eure vortreffliche Stadt, noch dieses schöne Departement vergessen, welches fünf Jahre lang zu verwalten ich das Glück hatte."

Straßburg, den 12. September 1870, um 4 Uhr abends
A. Pron

Die andere Proklamation war vom General ausgegangen: Hier ihr Wortlaut:

6te Militärdivision

Einwohner von Straßburg, Offiziere, Unteroffiziere und Soldaten der Garnison!

„Die Republik ist in Paris proklamiert. Eine Regierung für die Landesverteidigung ist eingesetzt worden. Obenan in ihr Programm hat sie die Vertreibung des Feindes vom französischen Boden gesetzt. Wir werden uns alle ihr anschließen, wir, die wir mit der Verteidigung von Straßburg beauftragt, die wir verpflichtet sind, Frankreich diese edle und wichtige Stadt zu bewahren.

Vereinigen wir also unseren Willen und unsere Kräfte, um diesen Zweck zu erreichen und so zum Heil des Vaterlandes beizutragen.

Einwohner von Straßburg!
„Durch eure Leiden, durch eure Ergebung, durch den Mut derjenigen von euch, welche an der Verteidigung der Stadt teilnehmen, durch eure Vaterlandsliebe habt Ihr die Armee in den Anstrengungen unterstützt, welche sie zu vollbringen hatte; ihr werdet eurer selbst würdig bleiben.

Und Ihr Soldaten!

Eure Vergangenheit bürgt für die Zukunft. Ich zähle auf euch, zählet auf mich."

Im Generalquartier von Straßburg, den 12. September 1870

Der Divisionsgeneral, Oberbefehlshaber,
Uhrich

Man las begierig diese Aktenstücke, welche die gute Nachricht vom vorhergegangenen Tage amtlich bestätigten, und jeder fasste seine Gedanken und Hoffnungen zusammen in dem gemütserleichternden Wort: „Endlich!"

Die Schweizer Abgeordneten kamen an diesem Tag zum zweiten Mal in Straßburg an; hier ist ihre eigene Schilderung über diese zweite Reise:

„Wir standen im Begriff, das deutsche Hauptquartier zu verlassen, um uns nach Straßburg zu begeben, als die Ankunft des französischen Lieutenants Archer, der die Festung Lichtenberg befehligte, und dieselbe den Preußen hatte übergeben müssen, als sie nicht mehr haltbar war, uns zurückhielt. Dieser Kriegsgefangene Offizier sollte vor den Wällen der Stadt gegen einen deutschen Offizier, den Lieutenant von Versen, ausgewechselt werden, der verwundet in die Hände der Franzosen gefallen war. Es wurde beschlossen, dass die Auswechslung durch den Parlamentär, der uns begleitete, sogleich nach Ausfertigung der offiziellen Schriftstücke, geschehen würde. Wir boten dem französischen Offizier einen Platz in unserem Wagen, um mit uns nach Straßburg zu fahren, und dem deutschen Offizier, um mit uns zurückzukehren, und das Anerbieten wurde gerne angenommen.

Die heutige Fahrt nach Straßburg war bedeutend unheimlicher, als die erste, da wir diesmal nicht erwartet waren. Es dauerte auch längere

Zeit, bis die unseren Weg bestreichenden Batterien zum Schweigen gebracht waren, und noch schauriger gellte mir diesmal die Parlamentärtrompete beim Ritt durch das zerschossene Königshofen in die Ohren. Den französischen Offizier und den Wagen hatten wir in Eckbolsheim zurückgelassen. Wir mussten mit unserem Parlamentär nahe an die Wälle der Festung, bis von dort eine Patrouille mit einem Offizier herauskam, der uns mit der Frage anhielt: „Que désirezvous, Messieurs?“

Der Parlamentär übermittelte seine Schriften; wir stellten uns als die schweizerischen Delegierten vor; und ohne dass wir (wie wir besorgt hatten) vor der Festung die Erlaubnis zum Eintritt abwarten mussten, wurden wir unverzüglich in die Stadt geleitet; zwar, weil wir nicht angemeldet waren, nicht über die Fallbrücke und durch das Haupttor, dafür aber einen umso interessanteren Weg, über Wälle, Treppen auf und ab, über kleine Brücken, durch unterirdische Gänge, mitten durch die Besatzung der Wälle, bis wir, ehe wir es vermuteten, plötzlich innerhalb der Porte Nationale uns befanden.

Heute kamen wir nun ganz inkognito und suchten bloß die Geschäfte zu erledigen. Unser erster Gang war zu General Uhrich, der, so viel an ihm gelegen, die Sache beförderte und die Liste schon zur Absendung an General von Werder bereit hatte. Vor hier begaben wir uns ins Hotel du Commerce, wo eben eine stürmische Sitzung der Commission municipale stattfand. Die Situation hatte sich nämlich seit Sonntag gewaltig verändert, die Republik war proklamiert, ein neuer Maire gewählt worden (Humann hatte seine Entlassung gegeben), ein Teil der Stras-sen war beflaggt. Mit einigen Mitgliedern, welche besonders für diese Angelegenheiten bestellt worden waren, trafen wir nun die nötigen Anordnungen zur Bildung der ersten Kolonne auf Donnerstag (da vom Mittwoch nach Berichten aus Mundolsheim keine Rede sein konnte). Heute fanden wir schon mehr Leben in der Stadt; das Bewusstsein, dass ein Verkehr mit der Außenwelt hergestellt und für die Unglücklichsten eine Erlösung nahe sei, hatte neuen Lebensmut in die Bevölkerung gebracht.

Gefangenenaustausch bei den Vorposten in Königshofen

Wir benutzten den Rest der uns vergönnten Zeit noch zu einigen Besuchen, auch in den zu Wohnungen umgestalteten Kellern, deren Beschaffenheit wohl einer malerischen Schilderung wert wäre. Es ist schwer, ohne es gesehen zu haben, sich eine richtige Vorstellung zu machen: Fässer, Vorräte, verpackte Kisten mit Werthsachen, Betten, Möbeln. Alles dicht zusammengedrängt, daneben ein provisorisch aufgestellter Herd zum Kochen; kein Abzug für die Koch und anderen Dünste, als die Kellertreppe hinauf, da alle Kellerlichter der Sicherheit wegen mit Mist und Steinen verschlossen sind; und in diesen Löchern haben so viele der unglücklichen Bewohner vier lange und bange Wochen zugebracht! Kein Wunder, wenn manche ans liebe Tageslicht sich erst wieder gewöhnen mussten, wenn die lebensfrohen Gesichter bleich und trüb geworden sind! Einen anderen eigentümlichen Anblick gewährte es, die Fenster der Fronten exponierter Häuser mit Matratzen und Strohsäcken aller Art, als Kugelfänger, gepolstert zu sehen. Kurz: Alles trägt den Stempel der strengsten Belagerung.

Zur Rückkehr endlich bereit, mussten wir bei der Porte Nationale, von Kugeln, deren einige ziemlich nahe platzten, oft beunruhigt, auf unseren deutschen Gefangenen warten, bis derselbe nach einer halben Stunde, weil stark verwundet, auf einem sehr gut eingerichteten französischen Ambulanzwagen angefahren kam. Diesmal öffnet sich wieder das Haupttor; Trompete und weiße Fahne, sowie die Genfer Konventionsfahne der Ambulanz; verkünden den deutschen Batterien unsere Ankunft, worauf sie rasch verstummen. Beim ersten Vorposten wird Halt gemacht, um Mr. Archer in Eckbolsheim zu holen; in der Zwischenzeit freundschaftliche Unterhaltung zwischen den deutschen und französischen Offizieren, wobei wir oft die Dolmetscher machen mussten. Zigarren werden ausgewechselt; die Anrede „mon camarade" lässt ganz vergessen, dass erbitterte Feinde sich gegenüber stehen. Endlich kommt unser AuswechslungsOffizier; ein neues hübsches Genrebild: Die gegenseitige Vorstellung und Begrüßung der beiden gefangen gewesenen, nun frei werdenden Offiziere. Mit wahrem Triumph nimmt der verwundete Deutsche seinen Degen auf das Bett, in dem er liegt. Sie geben sich die Hand zum Abschied. Wie lange wird sich wohl der nach Straßburg in die Freiheit Versetzte dieser Freiheit freuen?

Da indes der Zustand des Hrn. von Versen dessen Umladung auf den mitgebrachten Wagen nicht erlaubte, bat Kapitän Farre mit französischer Galanterie, die Ambulanz ins nächste Lazarett mitzunehmen, was mit Dank akzeptiert wurde. Die den Ambulanzwagen führenden zwei Franzosen machten zwei Deutschen Platz und wurden mit verbundenen Augen auf den mitgebrachten Wagen gesetzt, bis die Vorposten passiert waren.

In Königshofen von ihren Binden befreit, wurden sie mit Speise und Trank erfrischt, bis die Ambulanz aus dem Lazarett bei Eckbolsheim zurück war, um dann noch einmal auf der Rückfahrt in die Festung die Vorposten mit verbundenen Augen zu passieren. Wohl mögen solche kleine Szenen manchen höchst unbedeutend erscheinen; aber für denjenigen, der dabei gewesen ist, sind es wohltuende Lichtblicke in dem düsteren Kriegsgemälde, die sich nicht so leicht vergessen.

Noch stand uns bevor, im Hauptquartier Mundolsheim das letzte Stück Arbeit mit Herrn von Lesczinsky zu tun, was durch die freundlich angebotenen Requirados erleichtert wurde.

Es wurde vereinbart, dass Donnerstag 10 Uhr eine erste Kolonne von 500 Personen in 60 requirierten Wagen beim Austerlitzer Tor in Emp fang genommen werden solle. Die Auswahl von den gegen 4.000 eingegangenen Meldungen musste im Wesentlichen dem Generalstabschef überlassen werden.

Bei dunkler Nacht, die durch die Brände in und um Straßburg, durch die feurigen Bahnen und das Platzen der Bomben unheimlich erhellt wurden, fuhren wir, mit Losung und Feldgeschrei ausgerüstet, durch die scharfen Wachen der Belagerungsarmee nach Oberschäffolsheim zurück.

Am folgenden Tag, Mittwoch, den 14ten, musste ich mich auf den Weg nach Lahr machen, um unseren Kollegen Bericht zu erstatten und den Empfang in Rheinau, bzw. Orschweier vorzubereiten. Bei meiner Ankunft fand ich auch hier alles über Erwarten geordnet. In anerkennenswertester Weise hatten Lahrs Bewohner hilfreiche Hand geboten. Ein hierfür bestellter Ausschuss hatte ein wohl versehenes Buffet für die ankommenden Straßburger gerüstet, damit dieselben gestärkt noch am gleichen Tage nach Basel reisen können.

Donnerstag 10 Uhr langte ich, nachdem ich die sonst gesperrte Fähre bei Plobsheim mit Extrabewilligung passiert hatte, beim Austerlitzer Tor vor Straßburg an, dort mit den zurückgebliebenen Kollegen zusammentreffend. General Uhrich hatte mit einigen hohen Militärpersonen die Auswanderungskolonne vor die Festung hinausbegleitet. Diesseits der Barrikaden harrten die 60 mit Stroh gepolsterten Wagen der Ankömmlinge. Eine beträchtliche Anzahl Offiziere sahen dem eigentümlichen Schauspiel zu. Und in der Tat, welch' ein Anblick, als nun plötzlich ein langer Zug von Kutschen, Gasthof und Eisenbahnomnibus, alle vollgepfropft, angefahren kamen, ihnen folgend eine lange Reihe Frauen und Kinder zu Fuß. (Männer waren, mit Ausnahme einer Anzahl Älterer, keine herausgelassen worden). Alle Gesichter strahlten vor Freude und Dank. Friedlich wird das ganze Bild von der Sonne beleuchtet! Um die Straßburger Wagen passieren zu lassen, musste ein Teil der Barrikaden beseitigt werden, was die Offiziere der deutschen Vorposten etwas unwillig machte, da es keine angenehme Aufgabe sei, dieselben unter den Kugeln der Festung wieder herzustellen. Sofort bat ein Mitglied unserer Delegation General Uhrich um eine Frist bis 12 Uhr für Instandsetzung dessen, was jetzt demoliert werden musste. „O nicht bis 12 Uhr, bitte bis 1 Uhr, Sie sollen volle Zeit hierfür haben," lautete die freundliche Antwort des Generals. Als alles verpackt und jeder Wagen mit militärischer Bedeckung versehen war, setzte sich der Zug unter berittener Eskorte nach Rheinau in Bewegung. Noch ein letzter Händedruck, ein letztes Lebewohl den abreisenden Straßburgern, und dann fuhren auch wir, innig dankbar, dass die Sache nun ins rechte Geleise gekommen sei, und in der gewissen Zuversicht, dass den Fremdlingen in unserer lieben Heimat ein herzlicher Empfang bereitet werde, wieder in unser gastfreundliches Elsässer Quartier zurück.

Endlich war der letzte Tag unserer Mission bei Straßburg herangebrochen; Freitag, den 16ten, früh fanden wir uns wieder im Hauptquartier Mundolsheim ein und vernahmen vom Generalstabschef, dass nun alles fest geordnet sei und Samstag und Dienstag noch zwei Kolonnen nach Rheinau befördert werden sollen, dann aber die Sache ein Ende haben werde. Damit erschien nun unsere Aufgabe erfüllt; wir fühlten, dass ein längeres Verweilen und weiteres Begehren indiskret sein müsste und leicht einen entgegengesetzten Effekt geben könnte, was die neuesten Nachrichten zu bestätigen scheinen. Wir standen daher nicht an, unsere Abschiedsbesuche zu machen, wurden von General von Werder freundlichst entlassen, sagten dem uns stets in gutem Andenken bleibenden Generalstabschef von Lesczinsky Lebewohl, und sandten auch nach Straßburg noch ein herzliches Wort des Abschiedes. Noch einmal wurde uns ein Passierschein über die sonst ausnahmslos gesperrte Plobsheimer Fähre zugestellt, was dem dort die Wache kommandierenden Hauptmann fast unglaublich vorkam.

Abends in Lahr bei unseren Kollegen angekommen, konnten wir uns gegenseitig mit den besten Berichten überglücklichen Fortgang unserer Angelegenheit erfreuen, und am Samstag, den 17. September, nahmen wir noch von unseren zum Empfang der folgenden Kolonnen in Lahr zurückbleibenden Kollegen Abschied, um nicht wieder zu der unheimlichen Musik der Belagerungsgeschütze zurückzukehren, sondern um dem Friedensgeläute unseres eidgenössischen Bettages zu folgen, das in unseren dankerfüllten Herzen feierlicher als je widerhallte.

Und in der Tat war Grund zum Dank genug vorhanden. Es ist und bleibt gewiss eine eigentümliche Tatsache, von zwei kriegführenden Parteien dieselbe zuvorkommende Aufnahme zu finden. Unsere Erwartungen wurden in dieser Beziehung weit übertroffen, wenn auch das positive Resultat der Evakuation nicht gerade ein bedeutendes genannt werden kann. Was denjenigen, die auf sichere und bequeme Weise die Stätte des Jammers verlassen konnten, zu Teil wurde, hat einen nicht äußerlich zu bemessenden Wert.

Daneben muss auch noch berücksichtigt werden, dass seit unseren Unterhandlungen mit dem Großherzog von Baden und General Werder mehrmals einige hundert Personen, welche sich aus der Festung nach Neudorf geflüchtet hatten, durch die deutsche Armee entlassen wurden. Wenn übrigens von den aus Straßburg Geflüchteten ein Teil lieber ihre Bekannten im Elsass und Baden aufsuchte, statt in die Schweiz zu kommen, so dürfen wir uns dessen in ihrem Interesse nicht weniger freuen.

Vor allem aber kann der moralische Eindruck und Erfolg nicht hoch genug angeschlagen werden, welchen die von der neutralen Schweiz den aufs Äußerste Bedrängten bewiesene christliche Teilnahme hervorgebracht hat. Der Empfang bei der Porte Nationale bewies, dass die Schweiz von Straßburg richtig verstanden worden sei; und von nicht geringerer moralischer Bedeutung erscheint auch das freundliche Entgegenkommen der deutschen Armeebefehlshaber, denen die schwere und harte Pflicht einer solchen Belagerung obliegt.

Nur ein Gedanke lastet bei aller Dankbarkeit für das Erlebte und zu Stande gebrachte noch schwer auf unseren Herzen: Der Gedanke an das entsetzliche Elend, das die letzte militärische Aktion, der Sturm über Straßburg, wie über das Belagerungsheer bringen müsste. Unsere innigsten Wünsche gehen dahin, dass diese Katastrophe nicht eintrete, und dass der jetzt so unglücklichen Stadt in nicht ferner Zukunft wieder glückliche Tage gesegneten Friedenslebens ersprießen mögen."

14. September

Während des ganzen Tages furchtbare Kanonade. Die Wälle antworteten der Belagerungsarmee mit außerordentlicher Kraft. Man sprach unbestimmt von einem bevorstehenden Waffenstillstand; so oft der Kanonendonner einige Augenblicke aufhörte, glaubte man in der Tat, dass die Feindseligkeiten eingestellt wären; aber alsbald zischten die Granaten wieder und man erkannte, dass dies noch nicht das Ende der Leiden war. Man hatte zwar die Geduld noch nicht verloren, aber die Bevölkerung fühlte sich ermüdet an Leib und Seele. Jede Nacht wachten die Männer; sie legten ihre Kleider nicht mehr ab, ruhten nur einige Stunden am Tag auf einer Matratze und hatten nicht eine für solche Mühseligkeiten genügende Nahrung. Alle Familien hatten ihre gewöhnliche Lebensweise einschränken müssen, und nur die vermögenden Leute konnten sich täglich noch Fleischspeisen erlauben.[1]

Die Munizipalkommission schritt am 14 September zur Wahl eines neuen Maire, da der bisherige, Hr. Humann, zurückgetreten war. Sie wählte für dieses Amt, welches damals schwieriger als je war, den Doktor Küß, Professor an der medizinischen Fakultät, einer der geachtetsten und aufgeklärtesten Männer der Stadt. Die ganze Bevölkerung gab ihre einmütige Zustimmung zu dieser vortrefflichen Wahl.

Die Adjunkten, HHrn. Kampmann, Leuret, Zopff und Mallarmé, hatten gleichfalls ihre Entlassung eingereicht; aber die Kommission behielt die HHrn. Zopff und Leuret in ihrem Amt und stellte ihnen dic HHrn. Flach und Weyer bei. In der nämlichen Sitzung fasste die Munizipalkommission einen energischen Beschluss gegen diejenigen, welche im Augenblick der Gefahr ihren Posten verlassen und sich aus der Stadt geflüchtet hatten. Herr Schneegans, Redakteur des Nieder-

[1] Das Rind-, resp. Kuhfleisch kostete 3 Fr. das halbe Kilo; Rossfleisch, anfangs zu 25 C. verkauft, erreichte den Preis von 1 Fr. 50 C. und 2 Fr. das halbe Kilo; Butter, fast nicht zu haben, 5 Fr. das halbe Kilo; der halbe Liter Milch 50, 75 C bis 1 Fr.; ein Ei 25 C.; der Sack Kartoffeln 60 Fr.; eine Zwiebel 10 C., u.s.w. Zucker, Reis, Kaffee hatten nicht merklich aufgeschlagen. Das Brot wurde um den gewöhnlichen Preis verkauft, wie auch der Wein, welcher reichlich vorhanden war.

rheinischen Kurier, beantragte diese Ahndung; dieses Mitglied der Kommission war übrigens immer an der Spitze derjenigen, welche eine kräftige oder kühne Maßregel anregten.

„Sie wissen," sagte er zu seinen Kollegen in der Kommission, „dass allzu viele unserer Mitbürger Straßburg verlassen haben, wodurch die Lage der Stadt kritisch wurde. Unter denselben befinden sich mehrere, welche ein öffentliches Amt oder eine persönliche Stellung hatten, die ihnen die Pflicht auferlegten, in unserer Mitte zu bleiben. Indem diese Bürger ihren Posten im Augenblick der Gefahr verließen, während unsere Frauen und unsere Kinder daheim blieben, haben sie sich um Straßburg schlecht verdient gemacht; ich verlange, dass die Kommission es durch einen formellen Beschluss erkläre, der folgendermaßen lauten würde und angeschlagen werden soll:

Die Munizipalkommission von Straßburg

Erwägend, dass in den bedenklichen Umständen, worin die Stadt Straßburg sich befindet, der Posten eines jeden Bürgers in Straßburg ist; Erwägend, dass seit dem Anfang des Krieges und besonders seit der Schlacht von Fröschweiler eine gewisse Anzahl Bürger, welche in Anbetracht ihrer Position in Straßburg hätten bleiben sollen, ihre Mitbürger feige verlassen haben, um ihre Person in Sicherheit zu bringen; Erwägend, dass Exempel statuiert werden sollen;

Erklärt:

Die kräftigen Individuen, welche ohne Gründe äußerster Notwendigkeit Straßburg seit dem Beginn des Krieges verlassen haben, sind für unwürdig erklärt, irgendein öffentliches Amt zu versehen."

Nicht ohne Einsprache wurde der Antrag des Hrn. Schneegans angenommen. Man wendete ein, dass zufällige Umstände, höhere Gewalt so manche Bürger verhindert hätten, an ihrem Posten zu bleiben. „Diese können nicht durch den Tadel getroffen werden," erwiderte man, und der Antrag wurde angenommen, gedruckt und angeschlagen.

Ausreise von Emigranten in die Schweiz

15. September

Der erste Zug von Auswanderern unter dem Schutze der schweizerischen Abgeordneten ging am Morgen vom 15. September ab. Mehrere hundert Frauen und Kinder versammelten sich auf dem Austerlitzer Platz mit Bündelchen und kleinen Reisesäcken. Die meisten Auswanderer hatten ihre eigenen Fuhrwerke oder Mietwagen; andere gingen zu Fuß bis auf eine gewisse Entfernung vom Tor, wo sie sich auf Wagen setzten, welche die preußischen Militärbehörden ihnen zur Verfügung stellten. Die Abreise war traurig, der Abschied herzzerreißend. Die Kinder, die ihren Vater verließen, die Frauen, die sich von ihren Gatten trennten, sie sollten bei ihrer Rückkehr nicht alle ihre teueren Familienstützen wiedersehen!

Gegen Mittag schlug eine feindliche Granate in die Turmspitze des Münsters ein, unterhalb des Kreuzes, das diesen Turm überragt. Das erschütterte Kreuz neigte sich seitwärts; sein Sturz wurde aber verhütet durch die eisernen Stangen des Blitzableiters, die es festhielten.

Der Fischerstaden, welcher seit dem Anfang des Bombardements ziemlich verschont worden war, wurde seit einigen Tagen grausam heimgesucht. Die in der Nähe befindliche Pontonnierskaserne, die der Feind grimmig beschoss, hatte anfangs einen ununterbrochenen Granatenregen auf diesen Stadtteil herbeigezogen. Nun feuerten die preußischen Batterien unablässig auf den Sperrdamm an der Königsbrücke, welcher das Wasser in den Festungsgräben stemmte. Da befand sich Tag und Nacht eine Wache von etlichen vierzig Arbeitern, welche Erdsäcke bereithielten, um sogleich wieder die geringste Beschädigung auszubessern. Fünfzigtausend Erdsäcke wurden zur Befestigung und Verstopfung dieses Dammes verwendet, dessen Zerstörung den Abfluss des Wassers der Gräben zur Folge gehabt und die Annäherung des Feindes ungemein erleichtert hätte.

Zur größeren Sicherheit hatte man zwar unter dem feindlichen Feuer zwei andere Sperrdämme errichtet, einen an der Brücke vom Constades über die Aar, den andern oberhalb der Eselsbrücke; aber dieser letztere wurde erst am 27sten (Tag der Übergabe Straßburgs), vollendet. Ein Teil der gegen diese Verteidigungswerke gerichteten Geschosse fiel auf den Fischerstaden, der damit überschüttet wurde; mehrere Häuser dieses Stadens wurden ganz zerschossen und stürzten zusammen.

Die Munizipalkommission, welche Tags vorher einen Maire ernannt hatte, wählte in ihrer Sitzung vom 15ten einen Nachfolger des Hrn. Baron Pron, Präfekt des Departements. Die Wahl der ganzen Versammlung fiel auf Hrn. Karl Börsch, Mitglied des Generalrats, Chefredakteur des Niederrheinischen Kuriers. Wider seinen Willen musste Hr. Börsch ein Amt aufnehmen, für welches ihn übrigens seine lange Erfahrung in Verwaltungssachen, seine vollkommene Kenntnis der Interessen der Stadt und die ausgezeichneten Dienste, die er dieser geleistet hatte, empfahlen. Die Munizipalkommission ernannte ihn durch Zuruf zum Delegierten für die Leitung der Departementalangelegenheiten; General Uhrich beeilte sich diese Ernennung durch einen besonderen Beschluss zu bestätigen.

Das Bombardement war an diesem Tage wütend und vom Morgen bis zum Abend sah man in den Straßen Tragbahren mit Verwundeten und das grausige Totenwägelchen. Fünf Bewohner wurden in der Schlauchgasse von Granatensplittern getroffen; zwei derselben erlagen ihren Wunden. Auf dem Kleberplatz fielen zwei Männer und starben bald nachher. In der Kronenburgerstraße wurden vier Militärs erschlagen, Frauen und Kinder verwundet. In der Nacht brannten wieder einige Häuser nieder. Von den Wällen herab donnerten die 24 und 48Pfünder mit so schrecklichem Gekrach, dass nicht allein die Fensterscheiben klirrten, sondern auch die Häuser erzitterten. Man hörte den Kanonendonner bis Kolmar, am Oberrhein, und bis Karlsruhe, im Großherzogtum Baden, d.h. auf eine Entfernung von fünfzehn Stunden!

Die gesunden und starken Männer ließen sich durch dieses höllische Getöse nicht aus der Ruhe bringen; jedoch ganz anders verhielt es sich mit den Verwundeten, den Kindern und Greisen, welche Ruhe und Schlaf bedürfen, die aber dieser furchtbare Lärm nicht ruhen oder schlafen ließ.

Das Ill-Stauwerk am Fischertor

16. September

Dieser Tag war ein recht trauriger, eine schlimme Nachricht folgte der anderen. Hr. von Huart, Schwadronschef im 16ten Artillerie-Pontonniers wurde von einer Granate tödlich getroffen. Eine feindliche Kugel tötete Hrn. von Beylie, Unterlieutenant in der Mobilgarde, ein junger Advokat, Substitut des Staatsprokuraters in Straßburg: Er war ein Enkel des Generals Dumoulin, dessen Familie einen Zweig in Bayern unter dem Namen „von der Mühl" zählt. Ein Kapitän der Mobilgarde, Georg Rudolf, war Tags zuvor an den Folgen einer Wunde gestorben.

Die Last der Geschäfte, welche die Gemeindekommission zu besorgen hatte, mehrte sich täglich; und sie suchte durch Beistellung vier neuer Mitglieder aus der Arbeiterklasse ihre Verantwortlichkeit mehr zu teilen. Der Gewerbeverständigenrat bezeichnete vier Arbeiter: die HHrn. Gustav Poynet de Puilhery de SaintSauveur, Theodor Schweighäuser, Karl Lehr, Weber. Die vorgeschlagenen Mitglieder wurden bereitwillig von der Kommission angenommen, und ein Beschluss des Generals bestätigte die getroffene Wahl.

17. September

Diese Nacht, wie die vergangene, war schrecklich gewesen und der Kanonendonner hatte keine Minute geschwiegen.

In der Krautenau, die wegen der Nähe der Zitadelle, dem feindlichen Feuer stets sehr ausgesetzt war, brachen zwei Brände aus, die jedoch schleunig gelöscht wurden. In der Steinstraße, abermals ein Brand. Vor dem Austerlitzer und dem Spitaltor standen noch vier Häuser: Auch diese wurden von der Stadt aus beschossen und wurden ein Raub der Flammen.

Das Feuer war jeden Tag seiner Beute sicher, und dem Tod fehlte auch die seinige nicht. Eine Granate fiel unter die Brücke des Weißenturmtores, wo einige obdachlose Unglückliche lagerten: Fünf von ihnen wurden getötet oder verwundet. Einem Knaben wurde auf dem Niklausplatz das Bein zerschmettert. Ein Feuerwehrmann, Familienvater, erhielt mitten durch die Brust eine Kugel als er auf den Speicher der Präfektur eilte, um einen Brandanfang zu löschen, und stürzte tot zu Boden.

An diesem Tag verließ der zweite Emigrantenzug, aus 568 Personen bestehend, die Stadt, eine gastliche Aufnahme in der großmütigen Schweiz suchend.

18. September

Die Belagerungsarbeiten schritten rasch voran; zahllose Schanzgräber hatten mit unglaublicher Schnelligkeit die Parallelen vollendet, und die Batterien näherten sich täglich mehr der Stadt. Die Entfernung war so gering geworden, dass die französischen Soldaten in den Vorwerken das Kommando der deutschen Offiziere in den Laufgräben hörten.

Die Belagerer aus ihren Stellungen zu vertreiben war der Festungsartillerie rein unmöglich, denn die meisten Batterien der Wälle, welche die Angriffsfront beherrschten, waren demontiert; zwar wurden sie rasch ersetzt, aber ein neuer Kugelregen setzte sie bald außer Stand und tötete oder verwundete die Bedienungsmannschaft. Bloß einige Mörser konnten noch Feuer geben. Die beiden Lünetten, welche diese Front schützten, hatten aufgegeben werden müssen; der Boden war so durchwühlt, dass man nur mit Mühe drin gehen konnte. Die Breschebatterien setzten ihr Zerstörungswerk tätig fort, und das in der Stadt sich verbreitende Gerücht von einem bevorstehenden Sturm wurde selbst von den Offizieren der Besatzung nicht ganz zurückgewiesen.

Die 44 badischen Kanonen, welche bombenfeste Batterien in Kehl bildeten, bombardierten fortwährend die Zitadelle; jede Kanone schleuderte einen Wurf per Viertelstunde. Ein auf dem Kirchturm von Kehl postierter Offizier stand mittels eines Telegraphen in Verbindung mit diesen Batterien und bezeichnete ihnen die Fehlschüsse, die sogleich berichtigt wurden. So konnte ein Gebäude der Zitadelle nach dem anderen zerstört werden. In der Nacht vom 19ten hörte man einen ungeheuren Schrei aus Stadtteil in der Nähe der Zitadelle; am anderen Ende der Stadt glaubte man, dass ganze Gassen in Feuer ständen: Im Arsenal war das Magazin für Bauholz in Brand geraten.

In den Vorstädten war eine neue Feuersbrunst ausgebrochen, oder besser gesagt setzten die Flammen ihre Verheerungen fort, denn in diesen unglücklichen Stadtteilen konnte das Feuer nicht mehr gelöscht werden.

19. September

Die Zahl der Obdachlosen wuchs täglich, und alle verfüglichen und öffentlichen Gebäude waren mit diesen Unglücklichen angefüllt. General Uhrich sah sich gezwungen, vom Bischof die Ermächtigung zu verlangen, einen Teil der obdachlosen Bevölkerung im Münster unterzubringen. Seine Hochwürden der Bischof antwortete dem General:

„Herr General!
Sie erweisen mir die Ehre, mich zu benachrichtigen, dass der Herr Generallieutenant von Werder in Zukunft unser schönes Münster verschonen wird, und Sie verlangen folglich von mir die Erlaubnis, dasselbe der obdachlosen Bevölkerung als Zufluchtstätte anweisen zu können.

Ich kann Ihren Menschlichkeitsgefühlen, Herr General, nur Beifall zollen und bin bereit, sie zu unterstützen. Ich muss jedoch sagen, das das Münster, so verstümmelt es auch sei, täglich für den Kult dient und dass der Gottesdienst in der Lorenzenkapelle fortdauert. Es ist also notwendig, das zweifache Interesse der Religion und des Unglücks zu vereinbaren, was, meiner Ansicht nach, leicht geschehen kann. Man wird den Armen die gesonderte und bequeme Michaelskapelle, die Andreaskapelle, das Querschiff der Uhr und wenn es notwendig ist, die Kreuzkapelle, das südliche Seitenschiff und das Mittelschiff einräumen und für den Kult bloß das Seitenschiff bei der Lorenzenkapelle und die Sakristeien vorbehalten, welche man mittels einer Bretterwand von einer gewissen Höhe, die jedem Übelstand vorbeugen wird, absondern würde.

Ich werde Sie auch bitten, Herr General, in dieser Kirche, welche die Zufluchtstätte des Unglücks geworden ist, gefälligst eine tätige und beständige Aufsicht ausüben zu lassen, damit die Ordnung und die Sittlichkeit und während des Gottesdienstes die Stille gesichert werde."

† Andreas, Bischof von Straßburg

Gleich bei Beginn der Belagerung war die Milch selten geworden und jetzt fehlte sie beinahe ganz; für die Kranken und die Kinder war dies eine harte Entbehrung.

Der Hr. Adjunkt Zopff wandte sich an die Bevölkerung, mit der Bitte ein jeder möge nach Kräften diesem neuen Übel abhelfen. Sein Aufruf lautet:

Gemeinde Straßburg

Bewohner Straßburgs!

„Seit einigen Tagen ist die Sterblichkeit groß unter den Kindern und den Greisen. Die Ärzte, an welche die Stadtverwaltung sich wandte, um die Ursache derselben zu erfahren, waren der Ansicht, dass sie zum Teil der Entbehrung der Milch zuzuschreiben sei, welche den Hauptbestandteil der gewöhnlichen Nahrung gewisser Kranken bildet.

In den schweren Zeiten, die wir durchzumachen haben, ist es die Pflicht eines jeden, die uns treffenden Unfälle nach Kräften abzuwenden oder zu mildern. Wir hoffen also, dass unsere Mitbürger, die seit dem Beginn der Belagerung täglich so viele Beweise von Heldenmuts und patriotischer Selbstverleugnung gegeben haben, wie sie vielleicht in der ganzen Geschichte nicht zu finden sind, sich zur Rettung dieses teilnahmswerten Teiles der Bevölkerung ein neues Opfer auferlegen werden.

Wir erlassen an die Personen, welche Kühe besitzen oder täglich ihre gewohnte Milchration erhalten, die Bitte, gütigst ihren Anteil um die Hälfte zu schmälern und den Rest in die nächstgelegene Apotheke zu schicken, wo sie gegen ein Rezept des Arztes verabreicht werden wird."

Straßburg, den 19. September 1870.

Für die Verwaltung, Der delegierte Adjunkt,
A. Zopff

Die Bitte fand Gehör, und zahlreiche Personen, deren Gesundheit gefährdet gewesen war, wurden gerettet. Die Sterblichkeit unter den Kindern war im Allgemeinen sehr groß gewesen, besonders viele Neugeborene starben. Eine Trauerzeremonie für diese armen kleinen Geschöpfe wurde nicht gehalten; man sah bloß den Tag über Männer oder Frauen, mit einer gelben Lade unterm Arm, welche ihr Kind enthielt, traurigen Schrittes dem botanischen Garten sich zuwenden.

Die Beerdigungen der Erwachsenen entbehrten auch jedes Gepränges. Wie viele Särge wurden durch die Gassen getragen ohne Geleit, ohne einen Geistlichen, ohne einen Freund! Manchmal zwei Personen, ein Kind, eine Frau. Der Friedhof lag in der Nähe der Zitadelle, und die Furcht vor dem unaufhörlichen Kugelregen in dieser Gegend der Stadt hielt manchen zurück, einem Toten das pflichtschuldige Geleit zu geben. Zuweilen jedoch geschah es, dass dem einen oder dem anderen Sarg einige Personen folgten. Betrübend war es dann zu sehen, wie eilig der Zug sich fortbewegte, auseinander stob, wenn ein Geschoss in der Nähe niederfiel, in die Häuser sich flüchtete, um den Splittern zu entgehen. Und dann, welches Leichenbegängnis inmitten des Kanonendonners, wie Tränen dem Hingeschiedenen nachgeweint werden, während Granaten und Kugeln aller Art durch die Luft pfeifen?

Dass der Tag nicht verlief ohne ein Opfer, versteht sich von selbst. Zwei Feuerwehrmänner wurden bei Erfüllung ihrer Pflicht getötet und fünf andere verwundet.

Hr. Edme Darcy, Kapitän-Adjudant-Major im 5ten Artillerieregiment, wurde von einer Granante tödlich getroffen. Und wie viele andere, Frauen und Kinder, könnte man anführen, die gleichfalls von den tödlichen Geschossen hingerafft wurden!

21. September

Die provisorische Regierung in Paris hatte Hrn. Valentin, einen Straßburger, ehemaligen Offizier, und früheren Repräsentanten der Stadt, in der Nationalversammlung zum Präfekten des Niederrheins ernannt. Es gelang ihm unbemerkt durch die feindlichen Linien zu kommen; dem Feuer der Schildwachen trotzend, schwamm er über die Aar, näherte sich der Festung und verlangte vor den General Uhrich geführt zu werden. Er wurde eingelassen und dem General vorgestellt. Da zog er ein Schreiben aus dem Ärmel seines Rockes und sagte: „Ich bin der Präfekt des Niederrheins." Dies scheint beinahe eine Fabel und doch ist die Geschichte völlig war.

Noch am Abend dieses Tages ließ der Präfekt Valentin einen Auszug des „Journal officiel" anschlagen, welcher seine Ernennung enthielt, und richtete an die Einwohner der Stadt nachstehende Proklamation:

Bewohner von Straßburg, tapfere Landsleute!

„Der gesetzgebende Körper hat in seiner Sitzung vom 4ten dieses Monats die Entsetzung der Dynastie der Bonaparte ausgesprochen, die, nachdem sie zwei Mal durch verbrecherische, gegen die Nationalvertretung begangene Attentate zur Staatsgewalt gelangt, drei Mal Frankreich in fünfzig Jahren Schimpf und den Überfall des Feindes zuzog.

Die Republik wurde verkündet, ein Nationalkonvent ist auf den kommenden 16. Oktober berufen, und die öffentlichen Gewalten sind unterdessen einer Regierung der Nationalverteidigung anvertraut, welche aus den elf, von der Hauptstadt gewählten Deputierten besteht.

Dieselbe ist unter die Präsidentschaft des Generals Trochu, eines tüchtigen Soldaten, gestellt, dessen Redlichkeit und Fähigkeiten alle Parteien ohne Ausnahme seit langem ihre Achtung zollen.

Der Brand der Straßburger Präfektur am 20. September 1870

Eine der erste Sorgen der neuen Regierung galt dem patriotischen Elsass, seiner tüchtigen Hauptstadt, und es handelte sich darum, ihr, wie auch seiner heldenmütigen Besatzung den innigen Dank Frankreichs, der Bevölkerung von Paris und der Regierung der Republik zu bezeugen.

Sie wählte für diese Mission einen Sohn eurer edelen Stadt, dem ihr in früherer Zeit, durch ein fast einstimmiges Votum den Auftrag gegeben habt, euch in der Nationalversammlung zu vertreten, und welcher der Fahne treu blieb, unter der ihr ihn gewählt hattet.

Er kommt in eure Mitte, an euren Gefahren teilzunehmen, Eure Entbehrungen mitzuertragen, und vereint werden wir alle aufs Äußerste kämpfen, um dem ruhmvollen französischen Vaterlande eines seiner edelsten und stärksten Bollwerke zu erhalten."

Somit Vertrauen, beste Hoffnung und hoch die Republik!

Der Präfekt des Niederrheins,

Edmund Valentin

Tags darauf erließ General Uhrich folgenden Beschluss:

Französische Republik

6te Militärdivision - Generalstab

„In Anbetracht des Belagerungszustandes;
Wir Divisionsgeneral, Oberbefehlshaber der 6ten Militärdivision; In Anbetracht unseres Beschlusses vom 15. September 1870; In Anbetracht des Dekrets der Regierung der Nationalverteidigung vom 5. September 1870, welches Hrn. Edmund Valentin zum Präfekten des Niederrheins ernennt; In Anbetracht, dass Hr. Edmund Valentin

am 20sten dieses Monats an seinem Posten angekommen ist und sogleich seine Funktionen übernommen hat, dass daher die Hrn. Börsch, Mitglied des Generalrats, anvertrauten Funktionen eines provisorischen Administrators des Departements, die dieser mit einer Ergebenheit und einem Eifer versehen hat, wofür wir ihm hier unsere Zufriedenheit und unseren Dank ausdrücken, nicht länger beibehalten werden können;

Beschließen:

Der Beschluss vom 15. September ist widerrufen."

Geschehen im Hauptquartier in Straßburg,
den 24. September 1870

Der Divisionsgeneral,
Oberbefehlshaber der 6ten Militärdivision , Uhrich

Am Tage der Ankunft des neuen Präfekten fing das Präfekturhotel, dass seit einigen Tagen ohne Unterlass bombardiert wurde, Feuer und wurde von den Flammen zerstört. Wieder gingen einige Millionen verloren. Gegen Abend schien die Stadt auf allen Seiten zu brennen; von überall her wurden Tote und Verwundete in die Spitäler und in die Lazarette getragen, und der republikanische Beamte konnte gleich am ersten Tag beurteilen, ob die Gefühle, die er im Namen Frankreichs der Stadt Straßburg ausgedrückte, gerecht waren, und ob der Widerstand bei all den Unglücklichen nicht in der Tat Heldenmut genannt werden könnte.

An diesem Tag wurden wieder zwölf Personen der Zivilbevölkerung tödlich getroffen. Ein wackerer junger Mann der Mobilgarde, der Sergeant Alphons Müller, erhielt eine Kugel mitten in die Brust und sank tot zu Boden, als er einen Posten gegenüber der Angriffsfront ablöste. Er war ein Sohn des ehemaligen Obergärtners des botanischen Gartens und seine Geburtsstätte wurde nun seine letzte Ruhestätte. Welch niederdrückender Schmerz für einen Vater, an der Stelle, wo sein Kind die ersten schwachen Versuche zum Gehen gemacht, die Gruft sich öffnen zu sehen, welche es für immer seinen Blicken entziehen sollte!

General Uhrich hatte einer der geheimen Sitzungen der Gemeindekommission beigewohnt, deren Protokoll folglich nicht veröffentlicht wurde. Zur Anerkennung der Verdienste dieses Generals um die Ehre der Stadt, erteilte ihm die Kommission den Titel als Ehrenbürger von Straßburg.

Zwei Tage später, schrieb General Uhrich dem Maire folgenden Brief:

Straßburg, den 20. September 1870

„Hr. Maire,

In der Sitzung vom 18ten dieses Monats, welcher beizuwohnen ich die Ehre hatte, war die Gemeindekommission so gütig, mir durch einstimmigen Zuruf den Titel als Straßburger Bürger zu verleihen. Ich verlange nun von Ihnen das Brevet dieses Titels, welcher mich ehrt; dies wird ein kostbares Pfand sein, welches in meiner Familie von Generation zu Generation übertragen werden wird.

Wollen Sie meinen tiefen Dank den HHrn. Mitgliedern der Gemeindekommission anbieten und ihnen sagen, dass sie mir die größte Ehre erwiesen haben, welche mir in meiner langen Laufbahn zu Teil geworden ist.

Empfangen Sie, Hr. Maire, die Versicherung meiner ausgezeichneten Hochachtung."

Der General Oberbefehlshaber,
Gezeichnet: Uhrich

Tod des Lieutenants der Mobilgarden-Artillerie Helmstetter

21. September

Wieder fand ein tapferer Sohn des Elsasses den Tod auf dem Felde der Ehre. Ferdinand Helmstetter, Artillerielieutenant in der Mobilgarde, richtete eine Kanone in der ihm angewiesenen Lunette, als eine mit Kugeln gefüllte Granate in seiner Nähe platzte; eine der Kugeln traf ihn ins Gesicht, er fiel zu Boden, zuckte noch ein Mal und war tot. Wohl zwanzig andere waren schon an diesem Tage gefallen.

In der Nacht viel Lärm. Zwischen Mitternacht und ein Uhr besonders donnerten sämtliche Kanonen auf der Nordseite der Stadt, während zu gleicher Zeit an zwei oder drei Punkten ein lebhaftes Gewehrfeuer sich vernehmen ließ. Die Belagerer waren in ziemlich starker Zahl den Mauern nahegerückt, um zu versuchen, ob eine Überrumpelung möglich wäre. Die Posten waren aber verdoppelt worden und die Artilleristen standen neben ihren Kanonen, wie wenn sie von diesem Angriff benachrichtigt worden wären. Eine ganze Stunde schlug man sich hartnäckig, bis der Feind sich endlich zurückzog.

Man hat nie in Straßburg etwas von den nächtlichen Kämpfen erfahren, deren Lärm man beinahe jede Nacht hörte. Die Militärbehörde hat nie einen Bericht über die ausgeführten Operationen veröffentlicht, und die Bürger mussten sich mit den Gerüchten oder mit den oft übertriebenen Schilderungen der Soldaten begnügen.

22. September

Einer der mutvollsten Zöglinge der militärischen Schule bezahlte an diesem Tage dem Vaterland seinen Tribut. Er vereinigte sich im Grabe mit denjenigen seiner Kameraden, welche, wie er, am Ehrenposten gefallen waren. Die Munizipalkommission hatte bereits in einer ihrer letzten Sitzungen den Eleven der Straßburger Medizinschule einstimmige Lobsprüche erteilt für ihren unermüdlichen Eifer und ihre Selbstaufopferung.

In den Spitälern, in den Lazaretten, an den gefährlichsten Vorposten zeigten diese wackeren Jünglinge eine unablässige Tätigkeit und einen unerschütterlichen Mut; sie opferten Ruhe und Gesundheit der Pflege ihrer Kranken und der schleunigen Linderung der Schmerzen und Leiden der Verwundeten.

Die während der Belagerung in Straßburg anwesenden Ärzte haben sich im Allgemeinen um die Stadt wohl verdient gemacht. Viele von ihren Kollegen, welche nach den Schlachtfeldern von Weißenburg und Fröschweiler abgereist waren, hatten nicht mehr zurückkommen können. Diejenigen, die in der Stadt zurückblieben, teilten den Dienst der Lazarette und Spitäler untereinander, und gewiss verdankt man es ihnen, dass die Sterblichkeit die Verhältnisse nicht erreichte, die man befürchtet hatte. Gegen Ende wurden ihre Anstrengungen manchmal besiegt durch epidemische Krankheiten, unter anderem durch die Blattern, meistens Folge eines verlängerten Aufenthaltes in den Kellern.

Durch Feuer und Eisen aus den oberen Räumen der Häuser vertrieben, erkrankten und siechten die Unglücklichen in den feuchten unterirdischen Räumen; so mancher starb in diesen verpesteten Verstecken und blieb liegen auf einem elenden Schragen inmitten seiner Familie, welche verurteilt war, schauernd rings um den Toten zu bleiben!

23. September

Die besten und beliebtesten Offiziere vermehrten nacheinander die Anzahl der gefallenen Verteidiger Straßburgs. Der Kommandant von Genie, Ambrosius Ducrot, Bruder des Generals gleichen Namens, wurde in der Zitadelle von einer Granate niedergeschmettert, im Augenblick als er Befehle gab für die Ausführung einiger der Mobilgarde anvertrauten Arbeiten. Der Kommandant Ducrot war die Seele der Verteidigung der Zitadelle gewesen.

Man trägt den Leichnam des tapferen Offiziers davon, und die Mobilgarde arbeitet fort inmitten der auf allen Seiten zischenden Geschosse. An eben der Stelle, wo der Kommandant Ducrot soeben gefallen war, fiel einige Augenblicke nachher ein junger Offizier der Mobilgarde, Eduard Mathiß. Auch die Reihen der Franctireurs hat der Tod an diesem Tage gelichtet.

Die Beschießung dauerte ununterbrochen fort. Die Straßen und grossen Plätze waren verödet. Diejenigen, welche gezwungen waren auszugehen, schlichen sich bedächtig und gebückt längs der Häuser hin, flüchteten sich zehnmal in die offenstehenden Hausflure auf einem Wege von fünf Minuten, um den auf allen Seiten fallenden mörderischen Geschossen auszuweichen. Die Nächte wurden kälter; seit lange schlugen die Kirchenuhren nicht mehr und die Stunden und Tage schienen still zu stehen. Vor den Häusern war man mehr als je auf der Hut. Während der ganzen Nacht, sobald eine Granate fiel, hörte man die Wächter in der Nähe rufen: „Nichts Neues!“ Und wenn ein Brand drohte, wurde ein besonderes Signal gegeben und man eilte von allen Seiten zu Hilfe.

Seit einigen Tagen gingen allerlei Gerüchte in Betreff der geheimen Sitzungen der Munizipalkommission; es hieß, dass in der Sitzung vom 18ten, unter anderen, im Beisein des Generals Uhrich die militärische Lage des Platzes und die noch mögliche Dauer des Widerstandes besprochen worden sei. Eine Anzeige des Maires, Präsidenten der

Kommission, gab zu verstehen, dass diese Gerüchte gegründet waren und dass die Lage nicht ganz günstig wäre. Der Maire sagte in der Tat, dass gewisse Beratungen nicht veröffentlicht werden könnten, um nicht Unruhe im Publikum zu verbreiten und dem Feind Nachweisungen zu liefern. Hier ist übrigens der Wortlaut dieser Anzeige.

Mairie der Stadt Straßburg

Anzeige

„Die Sitzungen der Munizipalkommission haben einen doppelten Charakter; sind nur teilweise ausgefüllt durch Verhandlungen und Abstimmungen, die ohne Übelstand kund gemacht werden können. Die Protokolle hierüber werden in den Zeitungen veröffentlicht. Man begreift jedoch, dass gewisse Beratungen nicht geeignet sind veröffentlicht zu werden. Die darin enthaltenen Einzelheiten könnten Unruhe unter der Bevölkerung verbreiten oder Anlass zu irrigen Deutungen geben, dem Feind sogar Nachweisungen über unsere Lage liefern. Dieser Teil der Arbeiten der Kommission wurde stets als ein vertraulicher angesehen.

Die Munizipalverwaltung glaubt diese Erklärungen geben zu müssen als Antwort auf die Kritik, die gegen die letzten Protokolle gerichtet wurden, deren Kürze mutmaßen ließe, dass die Kommission nur wenig beschäftige Sitzungen halte. Während der letzten Tage war die Kommission im Gegenteil sozusagen beständig versammelt.“

Straßburg, den 23. September 1870
Der Maire, Küß

Aber ist auch das Geheimnis noch so dicht verhüllt, dringt doch immer etwas davon durch, und man konnte, ohne den Beratungen der Kommission beigewohnt zu haben, fast sicher behaupten, dass die Frage der militärischen Lage verhandelt worden und die Erklärungen des Generals der Art waren, dass eine Verlängerung des Widerstandes nicht wohl zu gewärtigen war.

24. September

Die Nacht war wieder sehr unheilvoll. Das letzte Haus, welches in der Steinstraße, gegen den Finckmattstaden hin übrig geblieben war, wurde von de Flammen verzehrt. Die ganze Häuserreihe vom Tore bis zum Kanal war somit nur noch ein Trümmerhaufen. Die Granaten, die zu Hunderten auf diese Vorstadt niederfielen, hatten dort während dieser Nacht mehrere Bewohner getötet oder verwundet.

In der Nationalvorstadt hatte ein Geschoss eine Mauer durchbrochen, die umstürzte, ein Kind in seinem Bett erdrückte und einen Mann schrecklich verwundete, so dass er, in das Lazarett gebracht, alsbald starb.

Am Vormittag vom 24sten verlor die Mobilgarde wieder einen ihrer Offiziere, der Artillerielieutenant Emil Verenet. Ein braver junger Mann, einziger vielgeliebter Sohn, fiel auch er als Opfer treu erfüllter Pflicht. Seine Soldaten geleiteten ihn weinend zu Grabe. Tags darauf schickten zwei seiner Freunde dem Niederrheinischen Kurier einen gefühlvollen Nachruf, worin sie von ihrem geliebten Kameraden Abschied nahmen. Man lese diese rührenden Ausdrücke eines tiefen Schmerzes:

Herr Redakteur,

„Der Tod hat einen wackeren Offizier der Mobilgarde, unseren Freund, hingerafft und sein Körper ist der Erde zurückgegeben worden. Er fiel in der Blüte des Alters als ein tapferer Soldat, indem er sein Vaterland verteidigte. Ehre ihm! Ehre seiner Familie!

Seit drei Jahren kennen wir Emil Verenet; wir haben rings um ihn, neben und mit ihm gelebt; wir waren innig mit ihm vereint: Immer und überall war er ein biederer, pflichtgetreuer Mann. Vollkommen gebildet, voll Talent und Anmut, besaß er eine ausgezeichnete Seele, einen klaren Geist und ein edles Herz.

Aber sein Land fordert ihn: Er eilt auf die Wälle. Sein Mut, seine Ruhe und seine Freundlichkeit gewinnen ihm die Herzen seiner Soldaten; sie lieben ihn als den Besten von allen. Wir sahen sie gestern weinen an seinem Sarg und es war ein herzzerreißender Anblick. Einer von ihnen kniete nieder und umarmte ihn inbrünstig zum Abschied, indem er ihm naiv zurief: „Bonsoir, mein Lieutenant, auf Wiedersehen!"

So liebten ihn seine Soldaten. Wie mussten ihn erst seine Eltern lieben? Er war ihr einziges Kind, ihre einzige Freude, all ihr Glück der Gegenwart, all ihre Hoffnung der Zukunft!

Arme Familie! Bleibt Euch ein Trost! ... Ja! Ihr seid Christen, bewahret das gesegnete Wort dieses Soldaten: „Auf Wiedersehen!"

Auf Wiedersehen! Für Euch und für uns ist dies der höchste Trost!"

„Zwei Freunde"

Und jeden Tag, jede Stunde wurde ein Sohn, ein vielgeliebter Freund so den Seinigen entrissen. Wie viele Mütter werden in Tränen zerfliessen, wenn nach diesem unheilvollen Kampf zwischen Deutschland und Frankreich man sagen wird: „Da liegen die Toten!"

25. September

Schreckliche Nacht! Die Bomben, welche anfangs nur die Wälle und die ersten Häuser der Vorstädte erreichten, gelangten nun bis zum Mittelpunkt der Stadt und richteten ungeheueren Schaden an. Sie zerschlugen die Dächer, durchbohrten alle Stockwerke und zerplatzten, als sie den Boden berührten; einige drangen sogar bis in die Keller; sie zerschmetterten und zermalmten alles was ihnen im Wege stand. Man sah sie langsam mit einem Feuerstreifen in die Lüfte steigen, die sie mit widerlichem Gesumme durchflogen und hierauf fielen sie krachend nieder, wie ein Donnerteil.

Der 25ste verstrich, wie die anderen Tage, voller Trübsal und Unglücksfälle.

Die Marinebatterie, Werk 56, zwischen den Constades und dem Porte de Pierres

26. September

Die Nacht, anfangs ein wenig ruhig, wurde alsbald tobender als alle andern.

Gegen 2 Uhr Morgens herrschte große Angst in der Stadt. Auf der ganzen Linie der Festungswerke, vom Fischertor bis zum Nationaltor, das heißt auf einer Ausdehnung, von mehr als die Hälfte der Ringmauer, war es ein wahrhaftes Schlachtgetöse. Die Kanonen donnerten, Flinten knallten, Kartätschen pfiffen und man glaubte, dass die Belagerer einen Sturm unternähmen. So dauerte es, mit einigen seltenen Absätzen, bis 4 Uhr fort, und dann wurde es nach und nach still. Auf einer Seite hatte man von den Festungswerken herab auf die preußischen Pioniere gefeuert, die, durch starke Schanzkörbe geschützt, ganz in der Nähe arbeiteten; an anderen Punkten hatte man zahlreiche Truppenabteilungen zurückgeworfen, die einen Überfall im Schilde führten oder Scheinmanöver machten, um die Aufmerksamkeit der Belagerten von der Angriffsfront abzulenken. Wegen der Dunkelheit der Nacht hatte man die Verluste der Angreifer nicht abschätzen können; aber nach der Heftigkeit des Kampfes zu urteilen, mussten sie sehr fühlbar gewesen sein.

Das Schicksal forderte neue Opfer vom Offiziercorps der Mobilgarde. Der Artilleriekapitän Royer, wieder ein Straßburger, wurde am Morgen von einem Granatensplitter getroffen und verschied einige Stunden nachher.

Gegen Abend flogen die Bomben über die ganze Stadt und fielen auf die entferntesten Stadtteile. Eine dieser Riesenkugeln durchlöcherte ein Haus in der Pflanzbadgasse von oben bis unten und erschlug vier Personen. An der Kronenburgerkaserne drangen zwei Bomben nacheinander in ein von zahlreichen Bewohnern besetztes Haus ein, tötete sechs und verwundete zwölf. Achtzehn Opfer … und noch viele andere!

27. September

Es war der sechsundvierzigste Tag … Fast achttausend Einwohner waren zu Grunde gerichtet und obdachlos durch das Bombardement, meistens von milden Gaben lebend, geflüchtet in die Kirchen, in die Schulen, in Löcher am Fuße der Wälle, in Bretterhütten auf den Staden oder den Leinpfaden. Fünfhundert Häuser waren abgebrannt, eingestürzt, zerstört.

Die schönsten Straßen, die volkreichsten Stadtteile, die Vorstädte, die öffentlichen Gebäude: Ruinen! Die Kunstschätze, die wissenschaftlichen Sammlungen, Meister und Wunderwerke: Staub! Hohe und breite Schutt und Steinhaufen, verkohlte Balken, krumm gebogenes Eisen, Trümmer, Splitter und Asche: Scheußliches Durcheinander!

Vor der Stadt die Promenaden verwüstet, die Brücken abgebrochen, die Straßen aufgewühlt und schlammig; überall Brandspuren; die schöne Natur verunstaltet, das Gras und die Blätter vergilbt, die Blumen zerknickt, Baumstämme umgestürzt!

Straßburg, eine jammervolle Stadt; seine Bevölkerung, alle Qualen leidend, von Tag zu Tag mehr gelichtet; beinahe dreihundert Bewohner, Männer, Frauen, Kinder auf der Stelle niedergeschmettert oder an grausamen Wunden gestorben; fast zweitausend verwundet, vielleicht verstümmelt auf dem Schmerzensbett!

Die Garnison entschlossen, heldenmütig; jeden Tag vermindert; nahe an siebenhundert Soldaten im Grabe nebeneinander!

In jeder Familie ein Verwandter, ein Freund, den man beweint; in den Kellern bleiche Frauen und Kinder, geschwächt durch Sorgen und Tränen; Kranke, welche keinen Schlaf mehr finden; andere, deren Verstand sich verwirrt durch die Wirkung des Schreckens; Tote, die in die Grube geworfen werden, ohne dass ein Freund sie begleitet; in der Luft ein furchtbares und endloses Tosen und Krachen; Angst und Schmerzensgeschrei; dann Tod und Verwüstung!

Die alten Mauern der alten Festung zerschossen; die Wälle durchfurcht, unförmliche Klumpen, und darauf Soldaten, jeden Augenblick niedergemäht; Feuerschlünde zertrümmert und stumm, und darunter die eingestürzte Mauer. Das ungeheuere Loch, die klaffende Bresche!

Vor den Wällen fünfzigtausend Soldaten, welche hinter diesen Wällen sein wollen, welche in einigen Tagen, morgen, vielleicht schon diesen Abend, dahin dringen werden, über eine von Leichen gebildete Brükke, unter dem Donner der Kanonen, unter dem Hagel der Kartätschen und Kugeln.

Das war der heillose Krieg mit allen seinen fürchterlichen Gräueln!

Man war also am sechsundvierzigsten Tage; man hoffte nichts mehr, man konnte sich keinen Täuschungen mehr hingeben und man fügte sich mit Ergebung dem unerbittlichen Schicksal; man vergaß sich selbst!

Während des ganzen Tages schwirrten noch die Granaten und jede Stunde brachte neues Unheil. Gegen 5 Uhr wurde es in den Straßen plötzlich rege und belebt. Man läuft, man bestürmt einander mit Fragen; alle Blicke wenden sich auf einen einzigen Punkt: Eine weiße Fahne flattert auf dem Münster!

Man traut seinen Augen nicht; man blickt wieder und wieder hinauf. Nein, es ist keine Täuschung! Ungläubig sagt man, dies sei eine Fahne, welche andeute, das Kranke, Verwundete im Münster sich befinden, und den Belagerern als Mahnung dienen solle, das Gebäude zu schonen um Gottes Willen. Aber wenn die Fahne diese Bedeutung hätte, würde sie das Rote Kreuz in der Mitte tragen, doch dieses Kreuz fehlt. Man hört auch keine Schüsse mehr! [1]

---

[1] Es sind während der förmlichen Belagerung von Straßburg acht verschiedene Geschützarten preußischerseits und deren vier badischerseits in Tätigkeit gewesen, und zwar im Ganzen 241 Geschütze, nämlich: 30 lange gezogene 24-Pfünder, 12 kurze gezogene 24-Pfünder, 64 gezogene 12-Pfünder, 20 gezogene 6-Pfünder, 2 gezogene 21-Zentimeter-Mörser, 19 50-pfündige, 20 25-pfündige und 30 7-pfündige glatte Mörser; diesen sind zur Beschießung der Zitadelle badischerseits hinzuzufügen 4 25-pfündige Mörser, 8 60-pfündige Mörser, 16 gezogene 12-Pfünder, 16 gezogene 24-Pfünder.

Wäre es denn ein Waffenstillstand? ...

Man versammelt und drängt sich, die Bewegung in den Straßen ist außerordentlich; eine heftige Gärung erfasst alle Herzen. Man will sichere, zuverlässige Nachrichten.

Da wagt jemand eine Vermutung: Wäre es die Übergabe der Stadt? Man schreit, man schilt den Vermessenen. Niemals! Widerstand bis aufs Äußerste! Ein Artilleriekapitän geht über den Gutenbergplatz, die Menge umringt ihn. Man hat die Stadt übergeben? Ruft man ihm von allen Seiten zu. - Warum nicht gar! Antwortet der Offizier, die Stadt überliefern, das will ich nicht erleben ...!

Man drängt sich vor dem Handelshotel, wo die Stadtbehörde tagt; man verlangt nach dem Maire und den Adjunkten; man befragt die Offiziere vom Posten der Nationalgarde. Niemand weiß die Wahrheit.

Da kommt der Maire; er scheint betrübt, er antwortet nicht den

---

Von den genannten 241 Geschützen sind im Ganzen 193.722 Schuss und Wurf in die Festung gefeuert worden, und zwar 162.600 von den 197 preußischen und 31.122 von den 44 badischen Geschützen. Es sind dies gewesen:
28.000 Granatschuss aus dem langen gezogenen 24-Pfünder,
45.000 Granatschuss aus dem gezogenen 12-Pfünder,
8.000 Granatschuss aus dem gezogenen 6-Pfünder,
5.000 Schrapnellschuss aus den gezogenen 24-Pfünder,
11.000 Schrapnellschuss aus dem gezogenen 12-Pfünder,
4.000 Schrapnellschuss aus dem gezogenen 6-Pfünder,
3.000 Langgranatschuss aus den 15-Centimeter-Kanonen,
600 Langgranatwurf aus 21-Centimeter-Mörsern,
15.000 50-pfündige,
20.000 25-pfündige,
23.000 7-pfündige Bombenwürfe aus glatten Mörsern.

Diese Summen ergeben als statistisches Resultat, dass in den 31 Tagen des förmlichen Angriffs auf Straßburg im Ganzen also 193.722 Schuss und Wurf, durchschnittlich demnach an jedem Tage 6.249, in jeder Stunde 269, in der Minute also fortlaufend 4-5 Schuss oder Wurf in die Festung gefeuert worden sind. Bei dieser Gelegenheit ist noch zu erwähnen, dass das Gewicht der einzelnen Geschosse nicht nach deren Eisengewicht, sondern nach dem einer steinernen Kugel von gleicher Größe (in einzelnen Fällen auch nach dem Durchmesser) bestimmt wird, sodass beispielsweise das Gewicht der 7 50-pfündigen Bomben im Verhältnis ihres Kalibers bis 180 Pfund steigt.

Artillerie der Straßburger Nationalgarde auf dem Bollwerk der Porte de Pierres

hundert Stimmen, die ihn mit Fragen bedrängen; er durchdringt das Gewühl und tritt tief erschüttert, hastig in das Handelshotel.

Die Aufregung steigt mehr und mehr, die Menge wächst jeden Augenblick; man gewahrt Mitglieder der Munizipalkommission, höhere Offiziere, man stürzt ihnen entgegen und erfährt, dass der Verteidigungsrat die Unmöglichkeit eines längeren Widerstandes anerkannt hat und dass man im Begriff sei, mit dem General Befehlshaber der Belagerungstruppen zu kapitulieren.

Diese Nachricht verursacht gewissermaßen eine Revolution; Gruppen bilden sich, durchziehen die Straßen unter dem Sange der „Marseillaise“ oder stürzen fort an das Generalquartier, Erklärungen begehrend und mit drohenden Gebärden. Besonders die Franctireurs sind erbittert; einer von ihnen feuert zornig einen Schuss in die Luft. Man befürchtet eine dräuende Kundgebung und Unordnungen; die Trommler der Nationalgarde schlagen Appell; die Bataillone formieren sich und durchziehen die Straßen, um die Ruhe aufrechtzuerhalten.

Die Gärung legt sich nach und nach und die Nacht vergeht ruhig: Seit langem die erste Nacht ohne Kanonade, ohne Brand, ohne Unglück. Aber man schläft doch nicht, denn die Gemüter wurden vom Fieber geschüttelt. Ein solches Ende nach so vielen Leiden, nach so vieler Ausdauer und Geduld! Doch die Ehre war wenigstens unversehrt.

Unterdessen verhandelte man die Bedingungen der Kapitulation. General von Werder bewilligte der Garnison Kriegsehren und versprach, die Stadt und die Einwohner mit Kriegssteuern zu verschonen. Um 2 Uhr morgens war die Kapitulation verfasst und unterzeichnet. Hier ist der Wortlaut dieses Aktenstückes, welches nun der Geschichte angehört:

Convention

in Betreff der Kapitulation, abgeschlossen zu Königshofen,
am 28. September 1870, um 2 Uhr morgens.

„Graf von Werder, Generallieutenant Sr. M. des Königs von Preußen, Kommandant der Belagerungsarmee von Straßburg, ersucht vom französischern Hrn. Generallieutenant Uhrich, Gouverneur von Straßburg, den Feindseligkeiten gegen die Festung ein Ende zu machen, ist mit ihm übereingekommen, folgende Kapitulation mit ihm abzuschliessen in Berücksichtigung der ehrenwerten und mutvollen Verteidigung dieses Kriegsplatzes:

Art. 1. Um 8 Uhr morgens, den 28. September 1870, räumt Generallieutenant Uhrich die Zitadelle, das Austerlitzer-, Fischer- und Nationaltor. Zur gleichen Zeit werden die deutschen Truppen diese Punkte besetzen.

Art. 2. Um 11 Uhr desselben Tages verlässt die französische Besatzung inkl. Mobil und Nationalgarden durch das Nationaltor die Festung, marschiert zwischen Lünette 44 und Redoute 37 auf und legt daselbst die Waffen nieder.

Art. 3. Die Linientruppen und Mobilgarden werden kriegsgefangen und marschieren mit ihrem Gepäck sofort ab.

Die Nationalgarde und Franctireurs sind frei gegen Revers und haben die Waffen bis um 11 Uhr früh auf der Mairie abzulegen. Die Listen der Offiziere dieser Truppen werden um diese Stunde dem General von Werder übergeben.

Art. 4. Die Offiziere und die im Offiziersrang stehenden Beamten sämtlicher Truppen der französischen Besatzung Straßburgs können nach einem von ihnen zu wählenden Aufenthaltsort abreisen, wenn sie einen Revers auf Ehrenwort ausstellen; das Formular desselben ist der Verhandlung beigeschlossen. Diejenigen Offiziere, welche diesen Reversschein nicht ausstellen, gehen mit der Besatzung als Kriegsgefangene nach Deutschland. Die sämtlichen französischen Militärärzte verbleiben bis auf weiteres in ihren Funktionen.

Art. 5. Generallieutenant Uhrich verpflichtet sich, gleich nach vollzogener Niederlegung der Waffen sämtliche militärischen Bestände und sämtliche Staatskassen u.s.w. in ordnungsmäßiger Weise durch die entsprechenden Beamten den diesseitigen Organen zu übergeben. Die Offiziere und Beamten, welche hiermit von beiden Seiten beauftragt sind, finden sich am 28sten, 12 Uhr mittags, auf dem Broglieplatz in Straßburg ein.

Gegenwärtige Kapitulation wurde von nachbenannten Bevollmächtigten verfasst und unterzeichnet: Deutscherseits, Obristlieutenant Lesczinsky, Stabschef der Belagerungsarmee; Hauptmann Graf Henckel von Donnersmarck, Adjutant; französischer Seits: Obrist Ducasse, Platzkommandant von Straßburg, und Obristlieutenant Mangin, Unterdirektor der Artillerie.“

Gelesen, genehmigt und unterzeichnet:

L. Mangin, Ducasse, General von
Donnersmarck, Lesczinsky,

Der Schriftführer, Baron von Laroche,

Für gleichlautende Abschrift:
Der General Oberbefehlshaber,
Uhrich

28. September

Am 28. September, in aller Früh, ließ General Uhrich folgende Proklamation anschlagen:

Einwohner von Straßburg!

„Da ich heute erkannt habe, dass die Verteidigung des Platzes von Straßburg nicht mehr möglich ist, und da der Verteidigungsrat einstimmig meine Ansicht teilte, habe ich zu der traurigen Notwendigkeit Zuflucht nehmen müssen in Unterhandlung mit dem Generalkommandant der Belagerungsarmee zu treten.

Euere mannhafte Haltung während dieser langen Tage schmerzlicher Prüfungen hat mir erlaubt, den Fall eurer Stadt so viel wie möglich zu verzögern; die bürgerliche Ehre, die militärische Ehre sind unversehrt, Dank euch!

Dank auch Ihnen, Präfekt des Niederrheins und Stadtvorstände, die Sie durch Ihre Tatkraft und durch Ihre Einigkeit mir eine so kostbare Mitwirkung geleistet, die Sie der unglücklichen Bevölkerung zu Hilfe zu kommen und ihre Anhänglichkeit an unser gemeinschaftliches Vaterland hoch aufrecht zu halten gewusst haben.

Dank euch, Militärchefs und Soldaten! Besonders Ihnen, Mitglieder meines Verteidigungsrates, die Sie immer so einig, so energisch, so ergeben dem großen Berufe waren, den wir zu vollbringen hatten; die Sie mich unterstützt haben in den Augenblicken des Zauderns, Folge der schweren Verantwortlichkeit, welche auf mir lastete, und des Anblikkes des öffentlichen Unglücks, das mich umgab.

Dank euch, Vertreter unserer Seearmee, die ihr eure kleine Anzahl habet vergessen machen durch die Kraft eures Wirkens.

Dank euch endlich, Kinder des Elsasses, euch Mobilnationalgardisten, euch Franctireurs und Freikompagnie und auch euch, Artilleristen der

Nationalgarde, die ihr so edel den Bluttribut unserer großen Sache gezollt habt, welche heute verloren ist, und Euch, Zollwächter, die ihr auch Mut und Ergebenheit bewiesen habt.

Den nämlichen Dank schulde ich der Intendanz für den Eifer, womit sie den Erfordernissen einer schwierigen Lage Genüge zu leisten wusste, sowohl hinsichtlich des Dienstes der Lebensmittel, wie hinsichtlich des Hospitaldienstes.

Wo könnte ich hinreichende Ausdrücke finden, um zu sagen, wie sehr ich den Zivil und Militärärzten erkenntlich bin, welche sich der Pflege unserer Verwundeten und unserer Kranken gewidmet haben, jenen edlen jungen Leuten der Medizinschule, welche mit so vieler Begeisterung den gefahrvollen Posten der Ambulanzen in den Vorwerken und an den Toren angenommen haben?

Wie könnte ich den mildtätigen Personen, den geistlichen und öffentlichen Anstalten genug danken, welche ihre Häuser unseren Verwundeten geöffnet, welche ihnen eine so rührende Pflege gewidmet und viele dem Tode entrissen haben?

Ich werde bis zu meinem letzten Tage die Erinnerung der beiden verflossenen Monate bewahren, und das Dank und Bewunderungsgefühl, welches Ihr mir eingeflößt habt, wird nur mit meinem Leben erlöschen.

Ihr eurerseits, erinnert euch ohne Bitterkeit Eueres alten Generals, welcher sich so glücklich geschätzt hätte, euch das Unglück, die Leiden und Gefahren zu ersparen, die euch getroffen, welcher aber sein Herz diesen Gefühlen verschließen musste, um nur die Pflicht und das Vaterland vor Augen zu haben, welches seine Kinder betrauert.

Drücken wir, wenn wir es können, die Augen zu über die traurige und schmerzliche Gegenwart, und wenden wir die Blicke auf die Zukunft; da werden wir die Stütze des Unglücklichen finden: Die Hoffnung!

Es lebe Frankreich für immer!

Geschehen im Generalquartier, den 27. September 1870

Der Divisionsgeneral
Oberkommandant der 6ten Militärdivision,

Uhrich

Der Maire von Straßburg, seinerseits, erließ nachstehende Proklamtion:

„Liebe Mitbürger!

Nach einem heldenmütigen Widerstand, welcher in den militärischen Annalen nur seltene Beispiele zählt, hat der würdige General, welcher den Platz von Straßburg kommandierte, im Einvernehmen mit seinem Verteidigungsrat, mit dem Oberbefehlshaber der belagernden Armee eine Übereinkunft für Übergabe der Festung abgeschlossen.

Den harten Notwendigkeiten des Krieges nachgebend, hat der General diesen Entschluss fassen müssen angesichts zweier Breschen, eines drohenden Sturmes, welcher unheilvoll für uns gewesen wäre, und der unersetzlichen Verluste, welche die Garnison und ihre tapfern Anführer erlitten haben. Der Platz war nicht haltbar; er ist in Unterhandlung getreten, um zu kapitulieren.

Dieser Entschluss, der das Kriegsgesetz beseitigt, welches einen mit Sturm genommenen Platz den härtesten Behandlungen preisgibt, bringt der Stadt Straßburg den Vorteil, dass sie keine Kriegssteuer zu bezahlen hat, und dass sie milde behandelt wird.

Um 11 Uhr wird die Garnison abziehen mit den militärischen Ehren und die deutsche Armee wird heute die Stadt besetzen.

Abschied und Ausmarsch der Gefangenen nach der Kapitulation

Ihr, die ihr mit Geduld und Ergebung die Gräuel des Bombardements ertragen habt, vermeidet jede feindselige Kundgebung gegen das Armeekorps, welches in unsere Mauern einrücken wird.

Erinnert euch, dass der geringste Angriff unsere Lage verschlimmern und schreckliche Repressalien auf die gesamte Bevölkerung ziehen würde. Das Kriegsgesetz sagt, dass jedes Haus, aus welchem ein Schuss gefeuert würde, geschleift und die Bewohner desselben niedergemacht werden sollen. Jeder möge sich dessen erinnern, und wenn sich unter euch Leute befänden, welche vergessen könnten, was sie ihren Mitbürgern schulden, und auf ohnmächtige Widerstandsversuche sinnen, hindert sie daran. Die Stunde des Widerstandes ist vorüber. Fügen wir uns in das Unvermeidliche.

Ihr, liebe Mitbürger, die ihr während dieser langen Belagerung eine Geduld, eine Tatkraft entfaltet habet, welche die Geschichte bewundern wird, bleibt würdig eurer selbst in dieser schmerzlichen Stunde.

Ihr haltet das Los Straßburgs und das eurige in euren Händen. Vergesst es nicht!"

Straßburg, den 28. September 1870

Der Maire, Küß

Die Garnison schickte sich schon zum Abzug an. Die Bataillone, die Kompanien, reihten sich, und man marschierte gegen die Nationalvorstadt. Als diese tapferen Verteidiger Straßburgs die Straßen durchschritten, erschallten allenthalben teilnahmsvolle Zurufe. Eine tiefe Gemütserschütterung prägte sich auf allen Gesichtern aus, Tränen flossen, als man zum letzten Mal die wackeren Soldaten vorbeiziehen sah, welche so heldenmütig gekämpft hatten. Sie hatten so oft ihr Leben ausgesetzt, dem Tode Tage und Wochen lang unerschrocken ins Angesicht geschaut, allen Strapazen und Gefahren getrotzt, um nun der Gefangenschaft entgegenzugehen! Ein so jämmerlicher Ausgang musste wohl ihre Herzen brechen.

Wenn man nur ihrem Eifer, ihrer Entschlossenheit nachgegeben hätte, würde man noch Widerstand geleistet haben. Aber General Uhrich gab der Stimme der Menschlichkeit Gehör; er wusste, dass ein längerer Widerstand vergeblich, ein weiteres Blutvergießen unnütz wäre; er wollte die Drangsale einer unglücklichen, zum Teil ruinierten Bevölkerung nicht noch vermehren; aber auch die Vernunft hatte ihn zu seinem Entschluss bewogen, denn er hatte eingesehen, dass man die Wälle nicht mehr verteidigen könnte; er wollte der Stadt und seinen Soldaten die schrecklichen Folgen des Sturmes sparen, und seinem Herzen, seinem Gewissen und seiner Pflicht folgend, sagte er: „Es ist genug!"

Die Soldaten zerbrachen voll Ingrimm ihre Waffen, warfen sie ins Wasser, schleuderten sie aufs Pflaster und zogen mit verhaltenem Zorn an den angewiesenen Sammelort; Artilleristen, Pontonniers, Mariner, Chasseurs, Infanterie, Kavallerie, Turcos, Zuaven, Gendarmen, Grenzwächter, Mobilgarden, Franctireurs, Offiziere, Soldaten, Regimentskinder, alle drängten sich in lautem Gewühl zum Tor hinaus. Die Volksmenge umgab sie schweigsam und traurig: der Abschied war herzzerreißend. Wie doch die Gefahr, die man teilt, die Menschen nähert! Man war einander fremd; die gemeinsame Gefahr kommt und vereint Alle wie Brüder! Man fühlte, dass man von Freunden schied, wie wenn man ein Stück von sich selbst verlöre!

Plötzlich setzt sich die lange Kolonne der armen Gefangenen in Bewegung, ein letzter Händedruck, noch eine Träne und ... lebt wohl!

Da hörte man plötzlich Trommler, Pfeifer und die taktmäßigen Tritte eines Heeres. Dies waren die deutschen Truppen, welche in Straßburg einzogen.

ENDE